예수님께
속한 사람들

이현숙 목사의
신앙수필(隨筆)과 시(詩)

예수님께 속한 사람들

◆ 일어나 함께 가자 ◆

"나의 사랑하는 자가 내게 말하여 이르기를
나의 사랑 나의 어여쁜 자야 일어나서 함께 가자"
(아가 2:10)

프롤로그

할렐루야!

이 책은 설교를 바탕으로 자연스럽게 기록된 내용입니다.

성경 마태복음 24장 7~9절 말씀을 보면 "민족이 민족을, 나라가 나라를 대적하여 일어나겠고 처처에 지진과 기근이 있으리니 이 모든 것이 재난의 시작이니라 그 때에 사람들이 너희를 환난에 넘겨주겠으며 너희를 죽이리니 너희가 내 이름을 위하여 모든 민족에게 미움을 받으리라"고 하셨습니다.

성경에 기록된 말씀과 일치되어 가는 오늘날 현실을 볼 때 그렇지 않다고 부인하실 분은 아무도 없을 것이라고 봅니다. 가끔 매스컴에서도 믿지 않는 이방인들의 입에서도 재앙이니, 종말이니, 마지막 때니 하는 말들을 듣게 됩니다. 그만큼 현실에서 일어나는 일들이 심상치 않게 느껴지기 때문일 것입니다.

교회 안에서도 재림이나 휴거에 관한 이야기, 계시록에 대해 설교하는 모습들을 종종 보곤 합니다. 그도 그럴 것이 전 세계를 통해 보게 되는 기후 재앙설, 처처에 일어나는 지진과 자연재해, 이런저런 전쟁과 내전으로 인해 세계 곳곳의 기근과 경제 위기설, 외교, 사회, 국방, 안보, 종교, 문화 등등, 무엇보다 주님도 더 이상 봐 줄 수 없는 종교 다원주의자, 혼합주의들의 성경 부정설, 입에도 담기도 부끄러운 동성연애, 동성결혼 합법화 등을 볼 때 예수님의 재림을 생각하지 않을 수 없습니다.

하지만 우리가 놓치고 있는 너무나 중요한 비밀이 있습니다.

예수님 재림에 관한 설교도 중요하고, 마지막 때 일어나는 증거 자료에 대해 알림도 중요하고, 예수님 오심에 대한 이런저런 메시지도 다 중요하지만 정말 중요한 것은 예수님과 관계인 사랑 회복입니다. "예수를 너희가 보지 못하였으나 사랑하는도다 이제도 보지 못하나 믿고 말할 수 없는 영광스러운 즐거움으로 기뻐하니 믿음의 결국 곧 영혼의 구원을 받음이라"(벧전 1:8, 9)고 했습니다. "만물이 그로 말미암아 지은 바 되었으니 지은 것이 하나도 그가 없이는 된 것이 없느니라"(요 1:3)고 했습니다. 우리는 그에게서 나와서 그의 안에서 살다가 다시 그에게로 돌아간다는 사실입니다.

오늘날 몸 된 교회인 우리는 영과 진리로 예배를 회복하고, 무너진 십자가를 보수하고, 다시 오실 주님의 그 길을 예비하고, 첫사랑을 회복하여 주님의 이름이 거룩히 여기심을 받으실 수 있도록 영적 삶을 살아야 합니다!

무엇을 많이 안다고 해서, 무엇을 많이 했다고 해서 그리스도 신부가 되는 것이 아니라, 적어도 예수님 오실 때 들림을 받을 슬기로운 처녀라면, 신랑이신 예수님과 첫사랑의 관계를 회복해야 한다는 것입니다.

사도바울의 말처럼 복음으로 낳았으면 복음으로 자라서 복음이신 예수님만 나와야 한다는 것입니다. 무슨 말입니까? 성경을 봐도 예수님만 나와야 하고, 우리 인생의 삶과 죽음을 다 통틀어 예수님만 나와야 하고, 우주 만물의 모든 피조물에서도 예수님만 나와야 하고, 무엇을 먹어도 마셔도 예수님과 관계 회복 속에서 살아야 한다는 것입니다.

내가 믿는 예수님, 권사님이 믿는 예수님, 장로님이 믿는 예수님, 다 다르면 분명 큰 문제입니다. 성부 성자 성령님이 삼위일체이듯, 우리의 신앙도 하나님과 일치되어야 합니다. 그렇게 되면 당연히 교회들이 여러 갈래로 나뉠 필요도 없었을 것입니다.

베드로가 예수님을 만나 '나는 죄인이로소이다 나를 떠나소서'(눅 5:8) 고백한 말은 인생 삶 속에서 지은 죄, 인본주의적 삶의 죄를 회개한 것이 결코 아닙니다. 다시 말해서 육신이 지은 죄를 고백한 것이 아니라는 것입니다. 그는 영의 눈이 열린 순간, 가히 상상할 수 없는 거룩하시고 영화로우시고 전지전능하신 하나님을 발견하게 되었습니다. 이사야처럼요. 그의 회개는 너무나 거룩한 것을 알지 못하고 산, 영적인 회개였습니다. 여러분도 영혼의 눈으로 그분을 보게 되는 순간 자신의 존재가 너무 더럽고 추하고 악해서 아마 죽여 달라고 울부짖을 것입니다. 우리의 존재가 얼마나 더러우면 예수님도 '입에서 나오는 것이 뒤로 나가는 것보다 더 더럽다'고 하셨겠습니까? 주님이 이 모든 더러움에서 우리를 깨끗하게 해 주셨습니다.

주님을 알지 못한 신앙생활이 얼마나 주님과 아무런 관계가 없는가를 생각할 때, 우리는 모두 육신의 삶이 아니라 하나님과 관계가 회복되는 영적인 삶을 살아가야 합니다. 부디 이 책이 조금이나마 도움이 되었으면 합니다. 우리 모두 주님을 알아 가는 삶을 사시기를 예수그리스도 이름으로 축복합니다. 마라나타~

**"누가 주의 마음을 알아서 주를 가르치겠느냐
그러나 우리가 그리스도의 마음을 가졌느니라"**(고전 2:16)

차례

프롤로그 4

제1부 예수님께 속한 사람들

제1장 주님을 향한 순례길 ··· 12
신앙의 과정 12 • 왕의 가마를 타고 15 • 두려움이 기쁨으로 16 • 하나님의 생명이 있는 신앙 18 • 영광스러운 성도의 삶 21

제2장 무한하신 하나님 사랑 ··· 24
한계가 없는 사랑 24 • 경험으로 자라는 사랑 26 • 의심이 없는 사랑 28 • 하나가 되는 사랑 30 • 다 이기는 사랑 31

제3장 사랑의 증거들 ··· 33
영육의 증거가 있는 사랑 33 • 십자가 사랑의 진실 35 • 첫사랑의 감격 36 • 지켜야 할 주님 주신 면류관 38 • 주님 사랑으로 주시는 자유 39

제4장 믿음의 가속도 ··· 42
더 깊이 묵상해야 할 주님 42 • 하나님의 주권과 섭리 47 • 주님 사랑의 인치심 51 • 잘 죽기 위한 신앙의 연단 54 • 진실로 주께 찾고 구해야 할 것들 55

제5장 주님 사랑의 실천 ··· 58

참사랑의 소원 58 • 복 있는 성도의 삶 60 • 하나님 섭리로 맺은 사랑의 열매 63 • 주님 사랑으로 가득한 삶 65 • 기도는 기도는 67

제6장 성숙한 신앙의 노래 ··· 69

주시기를 원하시는 하나님 69 • 갈수록 힘들어지는 세상 70 • 참예(參詣)해선 안 될 바벨론의 죄악 71 • 설명이 필요 없는 사랑 72 • 땅이 환해진 주님 영광 74

제7장 순수한 신앙 ··· 77

마음 전부를 주님께 드림 77 • 들어야 할 주님 사랑과 심판 메시지 78 • 순수한 신앙 바라시는 주님 79 • 오직 주님만으로 81 • 주님의 시선으로 83

제8장 주님 사랑의 본질 ··· 86

더 가까이 사랑의 주님께로 86 • 최고로 높여드려야 할 하나님 91 • 한 번 주님과 사랑에 빠지면 93 • 영혼의 뜨거운 열정 95 • 시작하고 마치시는 하나님 96

제9장 믿음으로 말미암은 구원 ··· 98

진노를 쌓는 무지와 어리석음 98 • 주님과 하나가 되면 101 • 알려 주시는 하나님 104 • 하나님과 일치되는 생각 104 • 주님 밖에선 좋은 것도 악함 107

제10장 참된 목적이 있는 삶 ··· 109

주의 길을 모르고 열심히 사는 삶 109 • 예수님이 목적이고, 예수님을 아는 것이 전부 112 • 하나님의 은밀한 심판 115 • 하나님의 법대로 살아야 할 삶 117 • 주님의 빛을 따라 점검하는 인생길 121

제11장 하늘 영광 그리고 축복 ··· 123

선악 간 심판은 정한 이치 123 • 율법과 양심, 두 가지 심판 125 • 새로운 심판의 기준 126 • 지금은 공사 중 127 • 자기와 건강한 관계를 맺는 훈련 129

제2부 하늘의 음성과 땅의 울림

제1장 주님 사랑의 메시지 ··· 134

사랑에 반응하라 134 • 이기는 신앙인이 되라 135 • 끝까지 견디는 사랑을 하라 137 • 하나님 사랑의 법칙을 신뢰하라 139 • 하나님이 다 하셨느니라 141 • 주님을 닮고 주님과 통하라 142 • 가슴으로 느끼고 배워 익히고 실천하라 144 • 순진한 아이처럼 내게 와 안겨 보라 145 • 하늘에 기준을 두고 살아 보라 146

제2장 다 이루었다 ··· 148

우리는 나팔수 148 • 신부의 준비 149 • 사랑이잖아요 150 • 신앙의 실수 151 • 습관 152 • 베드로의 믿음 153 • 문제해결 154 • 오늘의 주인공 155 • 주님이 하십니다 156 • 미혹되지 않음은 157 • 그리스도 신부의 삶 158 • 다 이루었다 1 159 • 다 이루었다 2 161 • 예배란 164 • 진리의 나팔 165

제3장 모든 마음 예수님께로 ··· 168

사랑의 포로 168 • 예수님 안에서 꼼짝 마 170 • 종교개혁이란 171 • 사탄의 역할 174 • 사탄의 공격 177 • 은사 179 • 모든 마음 예수님께로 181 • 이것이 기도다 183 • 영원한 축복의 신앙 184 • 영혼의 눈을 밝혀라 187 • 감춰진 사랑 188 • 만물의 음성 190 • 사망의 반대말 192 • 십자가 훈련 194 • 율법과 복음 196 • 탕자의 자유 198

제4장 열두 달 순례길 ··· 200

1월-하늘로만 200 • 2월-새김 받음 202 • 3월-하나님이 하심 203 • 4월-목적은 예수님 204 • 5월-주님의 멍에 205 • 6월-주님 받으실 것 206 • 7월-이기는 자 208 • 8월-사랑의 하나님 210 • 9월-영혼의 근육 211 • 10월-하나님의 기쁨 212 • 11월-정금처럼 만드심 214 • 12월-인 맞은 불같은 사랑 216

에필로그 218

제1부

예수님께 속한 사람들

제1장 주님을 향한 순례길

○ **신앙의 과정**

　신앙에는 어린아이의 신앙, 청년의 신앙, 아비의 신앙이 있어요. 어린아이 때부터 신앙생활을 제대로 하는 사람은 없어요. 어린아이 때는 철없이 따르는 어린아이의 모습이 예쁘고, 청년일 때는 사춘기를 넘어 철든 청년의 모습이 아름다워요. 그리고 아비가 되면, 아비다운 신앙의 모습이 있어요(요일 2:14). 어린아이 신앙일 때는 응답이 굉장히 빠르고 역사가 많아요. 아이한테는 바랄 수 있는 게 없기 때문이며, 하나님 존재를 알게 하기 위해서라도 아이들이 원하는 것을 주세요. 세상의 이치이기도 하지만, 하나님의 진리이기도 하죠.

　아이들의 신앙일 때는 하나님을 아버지라 부르기만 해도 너무 기특하죠. 청년의 신앙에 이르게 되면 신앙의 사춘기를 지나왔기 때문에 성경말씀에 대한 어느 정도 분별이 생기게 되고, 말씀 따라 살기 위해 전쟁을 치르게 되죠. 아비의 신앙이 되면 당연히 하나님의 깊은 것까지 경험하게 되므로 세상 어떤 어려움과 풍파에도 전혀 요동함이 없게 돼요!

"아이들아 내가 너희에게 쓴 것은 너희가 아버지를 알았음이요 아비들아
내가 너희에게 쓴 것은 너희가 태초부터 계신 이를 알았음이요 청년들아

내가 너희에게 쓴 것은 너희가 강하고 하나님의 말씀이 너희 안에 거하시며 너희가 흉악한 자를 이기었음이라"(요일 2:14)

그런데 어느 단계에 이르면, 하나님께서 영적으로 다루기 시작하세요. 육적인 응답보다는 영적인 것을 더 채우기 위해서 영과 육을 병행해 가세요(전 7:14). 예를 들면 힘들었다가 응답받았다가 다시 힘들었다가 기도하면서 영적으로 계속 자라 가는 과정에서 응답이 되는 거예요.

물론 예수님 밖에 있는 사람들도 이 모든 과정을 겪어요. 이방인들도 삶의 고뇌는 있게 마련이거든요. 그런데 어둠에 있는 사람들은 넘어져도 무엇 때문에 넘어졌는지 깨닫지 못하는 데 문제가 있어요(잠 4:19). 그러나 우리는 하나님 앞에서 넘어지면 무엇 때문에 넘어졌는지를 깨닫고 빨리 일어날 수 있어요. 이런 일이 반복되다 보면, 어떤 상황에 넘어지는지, 또 어떤 상황에 일어나는지를 알게 돼요. 그리고 넘어지는 일이 반복되다 보면, 넘어지는 횟수도 적어지고, 다시 일어나는 시간도 짧아져요.

여기서 한 단계 더 발전하게 되면, 이제는 육의 것을 주시기보단 영적인 강화에 집중이 돼요. 마음이든, 육체든, 물질이든, 사람과의 관계든, 삶의 어떤 형편이든 하나님께서는 주시는 것은 희박하고, 오히려 안 주시는 것에 더 적극적이세요. 그때는 주시기보다는 훈련만 시키세요. 이런 훈련을 많이 받는 사람은 하나님의 어떤 단계 안에 들어왔다고 생각해도 돼요.

그리고 다음 단계로 넘어가면 훈련의 강도가 더 세져요. 물론 모든 성도에게 이런 강도의 훈련을 주시지는 않아요. 아브라함 같은 믿음의 조상한테 아들을 바치라고 하시지 아무에게 이런 요구를 하시지는 않아요. 참 아들을 바치라고 할 정도의 신앙이 요구된다면, 그 사람은 진짜 믿음의 안정권에 들어간 사람일 거예요.

그러니까 실망하면 안 돼요. 하나님은 응답하지 않는 게 아니에요. 하나님은 끊임없이 응답하고 계세요. 응답하시지만, 우리는 육신과 현실에서 얻길 바라기 때문에 응답이 없다고 잘못 생각하는 거예요. 사실 우리의 기도가 다 옳지만은 않아요. 훈련받지 않은 사람들의 기도는 옳지 않아요. 아니 절대로 옳을 수가 없어요. 만약 옳지 않은 우리의 기도가 전부 응답 되었다면, 우리에겐 큰일이 났을 거예요. 많은 사람을 불행하게 하고, 지옥으로 보냈을지도 몰라요.

이 모든 훈련이 다 끝나게 되면, 그때는 정말 다 내려놓게 돼요. 많은 것들을 필요시 했지만 결국 필요한 것이 아무것도 없었다는 것을 알게 돼요. 훈련하시는 목적이 바로 그거예요. 이제는 웬만한 것엔 놀라지도 않아요. 맷집이 세져서 웬만한 것은 금방 회복돼요. 많은 것을 얻었다고 흥분하지도 않고, 잃었다고 해서 절망하지도 않아요. 우리가 필요로 했던 것은 그다지 중요하지 않았고, 이젠 사랑하는 주님의 필요를 찾게 되고 그분이 원하는 필요에 우리는 만족하게 되고 보람을 찾게 돼요. 정말이지 신기해요.

○ **왕의 가마를 타고**

우리는 지금 왕의 가마에 올라타 있는 중이에요. 이것은 하늘로 올라가는 주님의 영광이 임재하시고, 주님이 주인 되시고, 주님이 이끌어 가시는 구원 열차와 같아요. 가만히 있는 것 같고, 아무것도 하지 않는 것 같지만 우리가 타고 있는 구원 열차는 지금 천성을 향해 끝없이 올라가는 중이에요. 마치 지구가 태양을 중심으로 시속 1천 킬로미터 이상으로 자전하고, 10만 킬로미터 이상으로 공전하고 있지만, 우리가 아무것도 느끼지 못하는 것과 같아요.

모두 타고 싶어 하는 왕의 가마, 아니 반드시 타야만 하는 왕의 가마이지만, 몰라서 안 타고, 몰라서 못 타는 거예요. 만약 왕의 가마인 것을 안다면, 내리라고 해도 내리지 않을 거예요. 나가라고 떠밀어도 내리지 않을 거예요(아 6:12).

잠시 머물다 갈 세상에서도 모든 어려움을 잘 참고 견디고 이겨 내면서 하물며 영의 교회에서 천성을 향해 영원한 행복을 찾아가고 있는데 당연히 어떤 어려움도 이겨 내야 하지 않겠어요? 여기까지 어떻게 왔는지 생각해 봐요. 여기에서는 끝까지 가야 해요. 여기에서 내리면 절대로 안 돼요.

"부지중에 내 마음이 나를 내 귀한 백성의 수레(가마) 가운데에 이르게 하였구나"(아 6:12)

○ **두려움이 기쁨으로**

　초대교회 성도들은 다시 오실 예수님을 그 누구보다 간절하게 기다렸을 거예요. 부활 승천하시고, 다시 오마라고 약속하신 예수님을요. 로마의 박해로부터 고통당하는 현실이 불안하고, 두렵고, 끔찍한 환경에서 살고 있는 그들은 다시 오실 예수님을 기다릴 수밖에 없었을 거예요. 금방 오실 줄 알았겠죠.

　특히 데살로니가 교회가 더 기다렸어요. 사람이 살아갈 때, 좌로나 우로나 너무 치우치면 안 돼요. 어떤 상황에서도 신앙의 중립을 지키며 살아야 해요. 데살로니가 교회가 주님을 기다리는 것은 잘못된 일이 아니에요. 그래서 바울은 데살로니가 교회를 빛의 아들, 낮의 아들이라고 칭찬하고 있는 거예요(살전 5:5).

　사실 주님을 기다리지 않는 교회가 문제죠. 주님 오심을 기다림은 결코 문제가 될 수 없어요.
　다만 분별이 있어야 한다는 거예요. 오늘날도 주님의 재림을 앞두고 시와 때를 거론하며 불안을 조성하고 심지어 물질까지 강요하는 그런 교회들이 많이 있어요. 조심해야 하고 미혹되지 말아야 해요. 예수님이 무엇보다 이 부분에 많이 말씀하셨어요.

　　"거짓 그리스도들과 거짓 선지자들이 일어나 큰 표적과 기사를 보여 할 수만 있으면 택하신 자들도 미혹하리라"(마 24:24)

데살로니가 교회는 기다림도 어느 교회보다 간절했지만 두려움도 많았던 것 같아요. 우리는 두려워하면 안 돼요. 혼인 잔치에 참여할 사람들은 두려워하면 안 돼요. 예수님이 오시는 것을 두려워하면 안 돼요. 우리는 지금 기쁨으로 기다리는 훈련을 하고 있어요. 예수님이 오시는 것은 잔치예요. 혼인 잔치! 혼인 잔치를 앞두고, 천국의 영원한 집으로 이사 갈 사람치고, 근심하고 염려하고 걱정할 사람이 어디 있겠어요? 우리는 이미 하나님께서 말씀으로 예수님이 데리러 오시겠다는 약속을 받은 사람들이에요.

신랑을 기다리는 모든 사람이 잠이 들었지만, 준비한 사람이 있었고, 준비하지 않은 사람이 있었어요. 준비하지 않는 사람이 문제이지, 준비한 사람은 걱정할 필요가 없어요. 그리고 준비는 주님이 하세요. 우리는 주님을 기다리고, 영의 삶으로 주님 앞에 나아가는 것뿐이에요.

그러면 하나님이 왜 이렇게 하실까요? 바로 우리와 함께 살기 위해서예요. 함께한다는 것의 '함께'란? 부부의 연합에서 나온 말이에요. '하나가 되다', '연합하다, 결합하다'라는 말이에요. 이제 우리는 예수님 안에서 하나가 되었고, 아버지 안에서 이미 영으로 하나가 되었어요.

이제는 육이, 생각이, 사상이, 삶까지도 하나가 되어, 예수님 오실 때 교회 공동체가 예수님 앞에 서야 해요. 이 불타는 사명을 하나님께서 우리 안에 마그마처럼 넣어 주셨어요. 아니 그동안은 마그마가 휴면상태로 있었지만, 이제는 분출하기 직전의 상황이에요.

"또한 너희가 이 시기를 알거니와 자다가 깰 때가 벌써 되었으니 이는 이제 우리의 구원이 처음 믿을 때보다 가까웠음이라 밤이 깊고 낮이 가까웠으니 그러므로 우리가 어둠의 일을 벗고 빛의 갑옷을 입자"(롬 13:11, 12)

○ 하나님의 생명이 있는 신앙

우리의 구원이나 기다림은 우리의 능력이나 노력으로 된 것이 아니에요. 처음부터 하나님의 택하심이 있었어요. 하나님의 약속(언약)이죠. 구약과 신약의 모든 말씀이 하나님 약속의 말씀이잖아요. 그리스도의 순수한 복음이 들어와서 우리 것은 버려 버리고, 주님 것을 받아야 하는데, 우리 안에 우리가 너무 많았던 거죠. 자기 생각이 너무 많고, 자기의 철학이 너무 많고, 자기 삶의 체험과 간증으로 자기의 해석이 너무 많아요. 그러다 보니 순수한 복음을 받아들이지 못해요. 그러니 주님도 그 영혼을 잃지 않기 위해 이런저런 훈련을 통해 연단을 주시는 거예요.

내 영혼이 주님의 사랑으로 뜨겁지 않은데 누구를 뜨겁게 할 수 있으며, 내 신앙의 열정이 간절하지 않은데 누구를 간절하게 만들 수 있겠으며, 내가 주님으로 깊은 사랑에 빠져 본 적이 없는데 누구를 주님의 사랑 안에 밀어 넣을 수 있겠냐는 거예요. 내가 안 되면 다른 어떤 것도 기대할 수 없어요.

이 세상은 유명하고, 대단하고, 권력이 있고, 부하고, 지식이 많은 사람의 힘으로 지켜지는 것이 아니라 지극히 작은 자라 할지라도 신앙의 뜨거운 열정 있는 그 누군가에 의해 지켜지고 보존된다고 생각해요. 그러니까 다시 말해서 하나님의 선택된 작은 누군가를 통로로 삼고 교회 공동체를 삼아 그들의 기도와 간구를 통해 하나님은 일하신다는 이야기예요.

미지근한 신앙 천 명보다 하나님이 정하시고 보내시고 일하게 하시는 한 사람의 작은 자가 하나님으로부터 쓰임 받을 때 그 결과는 어마어마할 거라는 얘기죠.

우리 한 사람 한 사람 모두 그렇게 주님의 통로로 쓰임 받는 이 시대의 주인공들이 돼야 해요.

"그 작은 자가 천 명을 이루겠고 그 약한 자가 강국을 이룰 것이라 때가 되면 나 여호와가 속히 이루리라"(사 60:22)

오늘의 은혜가 오늘만 있는 것이 아니에요. 내일 또 오고, 그 후에 또 와요. 주님은 늘 새로운 날, 새로운 영, 새로운 천국의 노래, 새로운 삶, 새로운 말씀, 새로운 감동, 새로운 은혜들을 매일매일 시시때때로 주시는데, 우리는 지난 것을 붙잡고, 잊지 못해 영적인 천상의 새로운 것을 받지 못해요. 그러므로 하루가 지나면, 우리의 생각을 초기화하고, 다시 하나님이 주시는 새로운 것들을 받을 준비를 해야 해요. 그러면 또 다른 새로운 주님의 기쁨을 누릴 수 있거든요. 그렇지 않으면 신앙생활이 침체될 수 있고 감각이 무뎌질 수 있어요. 한마디로 신앙생활이 기쁘지 않고 의무만 남을 뿐이에요. 진짜인 예수님과의 관계는 생각하지 않고 뜨거운 신앙을 찾아 또 다른 곳에서 해답을 찾으려고 온갖 몸부림을 치겠죠. 결국 세월만 낭비하게 되죠.

우리도 새로운 신앙으로 늘 준비하지만, 불법의 사람들도 준비하고 있어요. 그러므로 하나님께서 우리 교회를 훈련하시려 각오하셨어요. 그리고 그만큼 역사도 많아요. 혼자서는 이길 수 없어요. 공동체가 하나가 되고, 한 마음·한 뜻이 되어 이미 이기시고 승리하신 길을 가야 해요. 사실 따지고 보면 예수님이 십자가에서 이미 모든 것을 다 이루셨고, 완벽하게 완성하시고 끝마치시고 승리하셨어요. 우리도 주님 안에 거하므로 주님께서 다 이기신 삶을 살고 있는 거예요!

주님 붙잡고, 눈물 흘리면서, "주님 없으면 안 돼요. 주님 계셔서 너무 감사해요. 주님이 힘이 되고 위로가 되니 주님과 함께 승리할 수 있어요. 주님 힘들어도 괜찮아요. 주님만 봐주시면 돼요. 주님 한 분이면 돼요. 주님 한 분만으로 만족해요"라고 간절하게 고백하는 삶이야말로 진짜 살아계신 하나님의 기쁨이 되어드리는 승리자의 삶이라고 알려 주고 싶은 거예요.

하나님이 기뻐하시고, "네가 있어서 내가 마음이 좋다."라고 하는 그런 사람들, 어떤 시험과 어떤 환란과 어떤 역경도 눈물로 무릎으로 주님 앞에서 이겨 내는 사람들, 주님이 세우신 사람들, 주님이 통로로 쓰시는 사람들, 하나님 나라의 의의 병기들, 하나님의 군사들, 그리스도의 용사들….

이런 사람들을 하나님이 기뻐 받으시고, 이런 사람들이 있기에 아직 한국교회는 희망이 있다고 말할 수 있어요. 하나님의 나라는 많은 사람에 의해 변화되고 움직여지는 것이 아니에요. 하나님이 세우신 정말로 필요한 작은 자들, 약한 자들, 멸시받고 천대받고 없는 사람들, 하나님의 마음을 가지고 하나님의 뜻을 위해 간구하는 그런 사람들에 의해 세상은 존재한다고 생각해요(고전 1:27-28). 에스겔 9장 4절 말씀처럼요. 하나님의 택하시고 숨겨 놓으신 믿음의 사람들이 있기에 아직도 우리나라는 존재하게 되는 거라고 봐요.

○ 영광스러운 성도의 삶

어떻게 우리는 불법에 속하지 않고, 하늘의 영원한 것에 소망을 두고 기도하며 살게 되었을까요? 그것은 하나님께서 처음부터 우리를 택하셨기 때문이에요. 그리고 성령이 거룩하게 하셨고, 진리의 믿음으로 구원에 이르게 하셨기 때문이에요. 그러니까 사람이 한 것이 아니라, 하나님이 하셨다는 거예요. 그러므로 하나님께 영광을 돌리는 거예요.

우리가 천국에 가는 것이 아니라, 예수님이 우리를 데리러 오시는 거예요. 우리가 하는 것은 없어요. 우리가 하는 것 주님 사모하고, 기다리고, 감사하고, 예배드리고, 주님께 영광 올려드리고, 어떤 상황에도 주님 품에서 벗어나지 않으려고 믿고 기도하는 거예요.

그리고 결국 우리 모두는 주 예수 그리스도의 영광을 얻게 될 거예요. 이 영광 안에 모든 것이 다 들어가 있어요. 살아 있을 때의 모든 고난, 괴로움, 아픔, 슬픔, 고통 등에 대한 우리의 모든 위로를 주님께 받는 거예요. 그리고 거긴 죽음도 없고, 아픔도 없어요.

이제 그날이 얼마 남지 않았어요. 금방이에요. 남은 시간을 제대로 살아 드려야 해요. 신부 연습을 해야 해요. 요동하지 않아야 해요. 흔들리는 나무는 죽어요. 흔들리지 않아야 잎이 나고, 꽃이 피고, 꽃이 핀 자리에 열매가 맺는 거예요. 우리의 남은 인생의 시간을 모두 투자해서 영원, 영원무궁하도록 행복하게 살 수 있다면 그보다 더 잘한 투자는 아마 없을 거예요. 결국 최고 영광이며 최고의 승리자인 거죠.

"내가 예수님과 함께 기뻐할 수 있는 이유는 예수님과 함께 모든 아픔을 잘 참고 견뎌 왔기 때문이다. 아무 일도 일어나지 않는다면 어떤 일도 경험할 수 없게 된다." -기도 중에-

연약하다고 얘기하지 마세요! 연약하지 않은 사람이 어디 있나요? 죄인이라고 얘기하지 마세요! 죄인 아닌 사람이 어디 있나요? 연약해 못하고 미련해 못한다면 우리는 영원히 할 수 있는 것이 아무것도 없습니다! 내가 연약하기에, 내가 미련하기에 하나님께서 우릴 부르신 거예요.
힘들면 힘들수록 하나님의 더욱 강한 사람을 경험할 수 있고 내 육체가 후패하면 후패할수록 전진해 오시는 예수님을 느낄 수 있습니다. 내가 강하면 예수님이 보이지 않지만 내가 약하면 약할수록 예수님을 느끼고 경험할 수 있습니다.
인간성이 회복되는 것이 첫 번째 목적이 아니라 우리 주님 안에 들어가 주님과의 관계가 회복되는 것이 우선입니다. 회개만 집중하는 사람들이 있습니다.
그러나 회개는 시작일 뿐입니다! 회개를 통해 용서에 이르고, 더 나아가 예수님 사랑으로 들어가야 합니다. 죄를 짓지 않으려고 노력하는 수고와 열심을 예수님 임재 안으로 들어가려고 애써 보세요. 그대는 복권에 당첨되어 기뻐하는 것보다 예수님 때문에 더 기뻐할 수 있나요? 그렇다면 당신은 분명 하나님의 사람이 맞습니다!

"나는 나의 사랑하는 자에게 속하였고 나의 사랑하는 자는 내게 속하였구나 그가 백합화 가운데서 양떼를 먹이는구나!"(아 6:3)

제2장 무한하신 하나님 사랑

○ 한계가 없는 사랑

하나님의 사랑으로 사는 삶과 사랑이 식어 버린 삶은 엄청나게 차이가 있어요. 하나님과의 사랑이 저절로 되지 않으면서, 인간적 사랑으로 사랑하려고 애쓰고 노력하는 것처럼 미련하고 어리석은 일이 없어요. 되지도 않지만, 되어서도 안 되지만, 될 수도 없어요.

서로가 없으면 못 살 거 같은 아무리 금술 좋은 부부라도 시간이 지나면서 사랑이 무뎌지고, 감각도 식어가게 돼요. 그러다가 오해가 생겨 이혼이라도 하게 되면 원수도 그런 원수가 없게 돼요. 인간의 사랑은 한계가 있다는 말이에요. 그러나 하나님의 사랑은 끝이 없어요, 무한해요, 이 사랑은 식지 않아요. 하나님의 사랑은 절대 식을 수가 없어요. 그 사랑은 절대로 변하지도 않아요. 회전하는 모양조차 없어요.

그런 사랑으로 사랑한다면 우리가 얼마나 행복하고, 평안하고, 자유롭고, 기쁘고, 즐겁고, 감사한 삶을 살 수 있을까요? 진짜 바라고, 원하는 거죠. 그게 바로 기도 제목이에요. 다른 걸 기도할 게 아니라, 그 사랑, 식지 않는 주님을 향한 사랑, 그 뜨거운 사랑, 열정의 사랑, 주님이 인정하는 사랑으로 살아가는 것이 기도예요.

하나님의 선하신 맛을 본 사람은 그 사랑을 알기에 더 간절히 원해요. 그래서 있는 자가 더 받아 풍족하게 누리게 되고, 없는 사람들은 있는 거 마저도 빼앗기게 된다는 말씀도 있어요. 그래서 불같은 사랑, 식지 않는 사랑, 그런 사랑으로 예수님 오실 때까지 여기서 살아간다면, 그 사랑을 주님이 인정해 주세요.

> "너는 나를 도장 같이 마음에 품고 도장 같이 팔에 두라 사랑은 죽음 같이 강하고 질투는 스올 같이 잔인하며 불길 같이 일어나니 그 기세가 여호와의 불과 같으니라"(아 8:6)
> "많은 물도 이 사랑을 끄지 못하겠고 홍수라도 삼키지 못하나니 사람이 그의 온 가산을 다 주고 사랑과 바꾸려 할지라도 오히려 멸시를 받으리라"(아 8:7)

그런데 우리의 사랑으로는 이 사랑이 불가능해요. 육으로는 그런 사랑을 할 수가 없어요. 그런 천상의 그 아름다운 사랑, 영원한 천국의 사랑, 예수님의 사랑, 하나님이 허락한 그 사랑을 사람이 절대 이룰 수 없어요. 그래서 주님께서 우리 심령 가운데 부어 주시는 거예요. 그래서 성령 하나님이 우리 심령 속으로 들어와 버리신 것이에요.

그렇게 이 마음에 사랑이 가득하면, 그 사랑이 가는 곳에 마음도 가고, 그 사랑이 있는 곳에 우리도 있고, 그 사랑이 바라보는 것을 같이 바라보게 돼요. 그 사랑이 오늘 우리에게 가득 채워진다면, 그분이 머무는 곳에 같이 머물고, 그분이 슬프면 우리도 같이 슬프고, 슬픈 일이 있어도 그분이 기뻐하시면 같이 기뻐요. 하나님의 사랑은 그런 거야. 사랑은 보이는 데서 하는 게 아니라, 보이지 않는 심령에서 하는 거예요.

그러니까 우리는 영으로 살아요! 하나님의 힘으로 살아요! 주님의 감동으로 살아요! 어린 양이 어디로 인도하든지 따라가는 자가 아니라, 우리 심령 가운데 계신 그분에게 그냥 끌려가는 거예요! 성경에서는 따라간다고 기록되었지만(계 14:4), 사실 좀 더 깊이 들어가면 따라가는 게 아니라, 그냥 그분한테 끌려가는 거예요.

그냥 끌려서 가는 게 좋지, 내가 따라가야 한다고 생각하면 정말 힘들어요. 따라간다는 의미는 내 의지, 노력, 결단, 수고가 필요하지만, 끌려간다는 건 내 의도와 전혀 상관없이 그분의 결정과 힘으로 저절로 움직여지는 거예요. 그러니 따라간다는 말과 끌려간다는 말에는 엄청난 차이가 있는 거죠. 주님이 하시는 주님의 일은 주님의 뜻과 섭리, 계획하심과 역사하심, 그대로 다 이루어지게 되어 있어요. 한마디로 힘주지 말고 애쓰지 말라는 뜻이에요.

○ 경험으로 자라는 사랑

처음에는 참 미약하고, 힘들어요. 씨를 뿌리면, 싹이 나서 자라기까지 참 힘들어요. 처음에는 비록 미약하지만, 10년이 되고, 20년이 되면, 사랑에 가속도가 붙어요. 처음에는 힘들었지만, 나중에 그 사랑에 붙잡히고, 그 사랑이 임하면, 우리는 너무 감사할 거예요.

알고 나면, 이렇게 편안하고, 이렇게 좋고, 이렇게 행복하고, 이렇게 쉽고, 이렇게 단순한 것을 왜 그렇게 힘들고, 어렵게 신앙생활을 했을까? 여러분 신앙생활이 그런 거예요. 엉뚱한 데서 신경 쓰니까 그런 거예요. 처음부터 은혜로 살아왔다면, 하나도 어려운 게 아니거든요. 그러나 지금이라도 늦지 않았어요. 시작이 늦은 거 같아도 시작이 반이라고 그랬잖아요. 그리고 여러분은 그 사랑을 가끔은 느끼고 누려왔기 때문에 이 사랑의 말을 지금 알아들을 수가 있는 거예요.

지금 신랑이신 예수님 얘기를 하는 거예요. 천국의 주인이시고, 우리 행복과 생명의 근원 되시고, 영원한 구원의 근원 되신 그분을 지금 얘기하는 거예요. 아직은 우리가 예수님을 얼굴과 얼굴을 마주하고 보지는 않았지만, 심령에서는 마음껏 누리고 있잖아요.

그리고 그런 사랑을 하다 보면, 기다리게 돼요. 사모하게 돼요. 주님 오신다고 하면, 행복해요. 주님이 오신다는 소리만 들어도 어떤 힘든 상황에서도 위로가 돼요. 사랑하는 사람이 기다리죠. 사랑하는 사람이 사모하는 거예요. 사랑하는 사람이 오신다면 행복한 거예요. 주님 오신다는 소리만 들어도 어떤 힘든 상황에서도 위로가 되는 거예요.

ㅇ 의심이 없는 사랑

성경은 신비로 해석하면 신비주의가 돼요. 또 율법으로 해석하면 율법주의가 돼요. 선교나 전도나 또 다른 거로 해석하면 그거로 해석이 돼요. 성경을 어떤 각도에서 보느냐에 따라 각자 자기가 보고 싶어 하는 대로 보게 될 테니까요. 그런데 우리는 다른 거 말고, 오직 예수 그리스도의 은혜만 있으면 돼요. 왜냐하면 말씀이 육신이 되어 우리 가운데 거하셨잖아요(요 1:14).

이 사랑이 처음에는 미약해요. 시작할 땐 조금 부족하고, 연약하고, 희미하고, 뭔가 아직은 확실치 않아요. 그러나 이 사랑의 맛을 느끼고, 누리고, 은혜에 머문다면, 나중에는 사랑에 가속도가 붙어 다음부터는 확 목표치에 도달하게 돼요. 그러면 우리는 사랑에 조금의 의심이 없어요. 사랑을 의심하면 안 되죠. 의심하면 사랑할 수가 없어요. 의심하는 순간부터 모든 것이 무너지게 되고, 지옥으로 변해요.

사랑은 혼자 할 수 없어요. 사랑은 함께 하는 거예요. 사랑은 혼자 할 수도 없고, 사랑은 일방적일 수도 없고, 신뢰가 떨어져도 사랑이 불가능해요. 사랑에는 의심과 오해가 생기면, 그 사랑에는 금이 가요. **우리는 우리의 마음이 식은 만큼, 주님의 사랑이 식었다고 생각하거든요.**

그러나 주님은 어떤 어려운 상황에서도 여전히 사랑하시거든요. 왜냐하면, 완전하신 주님 사랑은 변하는 그림자도 없으시니까. 아니 진짜 사랑하시거든요. **그런데 자기가 신앙생활도 잘 안되고, 기도도 잘 안되고,**

안 좋은 일이 생기면, 주님이 나를 사랑하지 않는 거 같다고 생각하는 거야. 예수님의 사랑을 의심하면 안 된다고 얘기했어요. 그러면 다시 돌아올 수가 없어. 사랑한다고 생각하면 다시 주님 앞에 돌아올 수 있지만, 사랑을 의심하면 주님에게 다시 돌아올 수 없어요. 나를 미워한다고, 나를 버렸다고, 나를 포기하셨다고 생각하면 멀리 떠나가는 거죠.

그러나 주님이 여전히 나를 사랑하신다고 믿으면, 탕자처럼 갔다가도 다시 돌아올 수 있는 거예요. 왜냐하면, 아버지가 어떻게 살았는지 이미 살면서 경험했거든. 탕자는 아버지와의 관계 안에서 살아 봤기 때문에, '우리 아버지는 내가 다시 돌아가도 여전히 사랑해 주실 거야.'라는 사랑에 대한 믿음이 있었어요. 그래서 탕자가 돌아왔던 거예요.

만일 '아버지는 내가 가면 아마 때려죽일 거야. 아버지는 내가 가도 문도 안 열어 주고, 거들떠보지도 않을 거야.'라고 생각했다면 안 돌아갔겠죠(아니 부러뜨려도 와야지. 그렇죠?). 아무리 탕자라고 하지만, 아버지의 사랑을 조금이라도 알았기에 다시 돌아갈 수 있었던 거예요. 우리는 그런 사랑을 잃어버리면 절대 안 돼요.

우리가 그 사랑을 의심하지 않고 산다면, 우리한테는 계속 희망이 있어요. 주님과의 사랑이 먼저 되고, 그다음에 주님 안에서 전도도, 선교도, 구제도, 나눔도, 가르침도 무엇을 해도 아름답게 열매 맺게 되는 거예요. 열매는 가지인 우리가 맺는 것이 아니라, 나무인 예수님으로 맺게 되는 거니까요.

주님의 사랑을 깨닫지 못하고 일하게 된다면 수고한 일도 잃게 되고 주님도 잃게 되고 이도 저도 다 잃어버리게 되지만, 주님의 사랑 안에서 주님의 사랑으로 함께 한다면 한 일도 열매 맺고, 주님과의 사랑도 열매 맺고, 더 많은 일에 결과를 얻게 될 게 분명해요.

"이 백성이 입술로는 나를 공경하되 마음은 내게서 멀도다"(마 15:8)

○ 하나가 되는 사랑

저는 아가서를 다 외우는데요. 그중에서도 8장 6절 말씀은 꼭 외우라고 말하고 싶어요. 아가서 8장에서 술람미가 강인하게 거듭나요. 신앙이 업그레이드된 거예요. 좀 당당해진 거예요. 신앙이 확실하고, 분명하고, 뚜렷하고, 당당해진 거죠. 이제 술람미가 주님의 사랑을 제대로 경험하면서 이런 고백을 해요. 신부의 고백이기도 하지만, 신랑의 고백이기도 해요. 서로의 고백이죠.

신랑인 솔로몬 왕이 오른손으로는 술람미 여인의 허리를 안고, 왼손은 베개를 하고 사랑의 고백을 해요(아 8:3). 예수님도 우리를 오른손으로 안고, 왼손으로 붙잡았으면, 우리도 양손을 다 사용해 붙잡아야 해요. 주님이 두 손으로 붙잡았는데, 우리는 한 손으로만 붙잡으면 안 되잖아요.

여기서 붙잡다는 의미는 단순히 '꽉 잡다'라는 단순한 의미가 아니에요. '너의 모든 것을 다해 붙잡다, 생명을 다해 붙잡다, 온 삶을 다해 붙잡다'라는 깊은 의미로 우리 전부를 다 거는 거죠.

그리고 두 손으로 붙잡으려면, 우리가 손에 있던 거를 놓아야 한다는 거죠. 이건 마음에서 놓으라는 거지, 육신적인 그런 얘기는 아니에요. 마음에서 다른 걸 붙잡고 있고, 뭔가 생각하고 있고, 뭔가 중요한 게 있다면, 모두 내려놔 버리라는 얘기예요. 오직 예수님만이 우리에게 소중한 응답이어야만 해요.

○ 다 이기는 사랑

'인같이 마음에 품고, 도장같이 팔에 두라'라는 말씀에서 도장과 인은 소유권을 행사하는 중요한 징표예요. 도장이 안 찍히면, 무슨 말을 해도 다 무효예요. 도장과 인은 같은 말인데, 그만큼 굉장히 중요한 거예요. 이 도장과 인을 잃어버리면 안 되니까 이걸 항상 몸에다 지니고 있어요. 이 도장의 표가 우리가 주님 것이라는 소유권을 나타내는 표예요. 이게 얼마나 중요한지 우리가 인을 맞아야 주님이 오실 때 올라가는 거예요.

그리고 이미 예수님의 사랑이 충만하게 부어지고, 그 사랑으로 살아가게 하고, 그 사랑을 맛본 사람이 목말라하는 거예요. 사랑을 더 간절하게 그리워하면서 목마른 그런 사람들, 이게 바로 하나님의 인 맞은 자의 중거예요. 심령 가운데 인을 맞은 사람들의 삶이 있다는 거예요.

또 말씀에 사랑은 죽음같이 강하다고 하셨어요. 사랑은 '죽음같이'가 아니라 '죽음보다도 더' 강한 거예요. 사랑을 죽음에, 그다음 음부에, 그리고 불에 비유하고 있어요. 최고의 강한 단어들을 사용하고 있고, 가장 두렵고 무섭고 떨리는 용어들이 있어요. 그런데 그 모두를 이길 수 있는 하나님의 사랑을 지금 얘기하고 있는 거예요.

죽음은 두려운 거죠. 음부는 지옥이잖아요. 불은 심판을 얘기하는 거예요. 심판보다도, 지옥보다도, 죽는 것보다도 더 강한 사랑, 이 모든 것을 이길 수 있는 사랑… 주님이 주시지 않으면 불가능한 사랑이죠. 이 땅의 모든 걸 다 승리로 바꿔 버리는 사랑을 하는 사람은 세상이 감당할 수 없다고 얘기했어요(히 11:38).

제3장 사랑의 증거들

○ 영육의 증거가 있는 사랑

이 사랑을 못 느끼면, 신앙이 아니라니까요. 신앙은 여기서부터 시작이에요. 그 사랑을 말로만, 이론으로만, 머리로만 아는 게 아니라, 가슴에서 뜨거움을 느껴야 해요. '인'은 보이는 게 아니에요. 사랑으로 나타나는 거예요. 음부보다, 죽음보다, 심판의 불을 모두 이길 수 있는 그 사랑이 있는 사람은 주님이 아시고, 자신이 알아요.

요한계시록 9장 4절을 보면, "땅의 풀이나 푸른 것이나 각종 수목은 해야지 말고, 오직 이마에 하나님의 인을 맞지 아니한 사람들만 해하라."라고 말씀하세요. 하나님의 인을 맞은 자들, 그러니까 표한 자들이에요. 출애굽 할 때, 어린양의 피를 문설주에 바르잖아요. 이게 표예요. 표를 바르면 죽음이 그 집에 들어가지 못해요. 표를 바르지 않은 집에만 들어가서 장자를 죽이는 거예요.

그런데 하나님 말씀을 지키는 표를 바르면 살아요. 기도를 많이 해서 사는 게 아니라 주님 앞에 금식해서 사는 게 아니에요. 하나님 일을 많이 한다고 사는 게 아니고, 하나님이 하신 그 약속으로 사는 것, 약속으로!

사람으로 인한 것이 아니라 하나님으로 말미암은 것이에요.

그러니까 문설주에 어린 양의 피를 발라 놓고 편하게 자도 괜찮아요. 잔다고 구원 못 받고, 염려한다고 구원 못 받고, 춤추고 노래한다고 구원 받지 못하는 게 아니라, 표로, 인치심으로, 하나님의 약속으로 구원받는 거예요.

우리의 삶으로 구원받는 게 아니란 말이에요. 그게 표예요. 그게 인 맞은 거예요. 인 맞은 사람들이 구원받을 만한 삶을 살아가게 되는 거예요. 구원 받을 만한 삶이 출애굽에서는 문설주에 피 바르는 거였다면, 지금은 예수 그리스도의 십자가 능력을 마음으로 의심 없이 믿는 믿음입니다. 더 나아가 십자가를 지신 주님을 그리워하고 의지하고 소망하는 믿음입니다.

이 표를 영과 육으로 생각해 봐야 해요. 영으로는 사랑으로 받는 표예요. 내가 주님을 사랑해. 죽도록 사랑해. 미치도록 사랑해요. 주님의 그 사랑 안에 있는 게 인같이 마음에 품는 거예요. 주님 없으면 잠시도 안 되고, 주님 없으면 잠시도 살 수 없고, 예수님이 안 계시면 잠시도 숨을 쉴 수 없는 거. 예수님이 마음에서, 심령에서 느껴지지 않으면, 너무 고통스럽고 괴로운 거. 세상을 다 가져도 그분 없으면 안 되는 거. 그게 바로 인 맞은 자의 눈으로 볼 수 없는 신앙의 특징이에요. 이게 영혼에서 비롯된 사랑의 증거예요.

방금 얘기했던 사랑은 눈에 안 보여요. 나는 너무너무 사랑하지만, 그 사랑이 눈에 안 보여요.

영적인 증거는 나와 주님만 알고, 다른 사람은 잘 몰라요. 이 사랑은 숨길 수 없어요. 그런데 육으로 나타나는 증거는 에스겔서 9장 4절을 보면 알 수 있어요.

"이르시되 너는 예루살렘 성읍 중에 순행하여, 그 가운데서 행하는 모든 가증한 일로 인하여 탄식하며 우는 자의 이마에 표하라"

그분의 사랑이 나를 완전히 주도해서, 그 사랑으로 살아가고, 그 사랑으로 숨 쉬는 사람들은 증거가 나타나는데, 바로 세상의 모든 가증한 일로 인하여 하나님과 함께 슬퍼하고 탄식하는 거예요. 이게 육신에서 나타나는 사랑의 증거예요.

○ 십자가 사랑의 진실

뜨거운 사랑은 죽음조차도 이길 수 있어요. 하나님은 우리에게 이런 사랑을 원하세요. 왜냐하면 예수님이 십자가에서 그 사랑의 본을 우리에게 보여 주셨기 때문이에요. 우리도 그 사랑을 당연히 해야 해요.

그러나 우리는 절대로 그 사랑을 할 수 없어요. 그런데 그 사랑을 할 수 있도록 하나님이 가능성을 우리에게 주셨어요. 그건 바로 그 사랑이 우리에게 와 버리신 거예요. 생명으로 와 버리신 거예요. 죽음을 이기시고 승리하신 왕으로 와 버리신 거예요. 모든 것을 정복하고, 다스릴 수 있는 능력으로 와 버리신 거예요. 우리 심령 가운데 콱 들어와 계신 거예요.

우리는 우리의 마음이 식은 만큼 주님의 사랑이 식었다고 생각해요. 예수님의 사랑을 의심하면 안 돼요. 그러면 우리는 다시 돌아올 수 없어. 사랑한다고 생각하면, 다시 주님 앞에 돌아올 수 있지만, 사랑을 의심하면, 주님에게 다시 돌아올 수 없어요.

모든 만물은 다 알아들어요. 그런데 사람만 알아듣지 못해요. 하나님이 사람을 지으시고, 사람을 참 기뻐하셨어요. 그런데 사람만 하나님의 마음을 몰라요. 이게 저주예요. 딴 게 저주가 아니라, 하나님을 모르는 게 저주야. 하나님의 사랑을 느끼지 못하고, 누리지 못하고, 깨닫지 못하고, 그 사랑 안에 살아가지 못하는 게 저주예요. 사실 이게 슬픔이고, 이게 괴로움이고, 이게 고통이고, 이게 지옥이에요.

○ 첫사랑의 감격

첫사랑이 뭐예요? 첫사랑은 막 가슴이 뛰는 사랑, 첫사랑은 설레는 사랑이에요. 첫사랑은 사모하고, 그리워하고, 보고 싶고, 기다려지는 사랑! 예수님이 오신다는 소리만 들려도 행복하고, 가슴이 설레고, 두근거리는 걸 첫사랑이라고 해요, 순수한 사랑이죠.

그 사랑을 해본 사람이 그 사랑을 얘기할 수 있어요. 그 사랑을 해 보지 않은 사람은 그 사랑을 말할 수 없어 사랑을 전하지 않아요. 사랑하는 사람은 그 사랑을 잊지 않아요. 아니 잊을 수 없어요. 결코 잊지 못해요. 그게 사랑이에요. 사랑이 계속 생각나는걸! 그리워지는걸! 보고 싶어지는걸! 이게 첫사랑이에요. 그렇게 우리가 사랑하는 것보다 예수님이 우리를 더 뜨겁게 사랑하고 계시거든요.

주님은 그렇게 우리를 사랑해요. 그런데 우리는 지금 그렇게 사랑하지 않는다는 게 너무 가슴 아파, 하다못해 사랑하는 시늉이라도 좀 하시고 살라고…, 그러면 그 사랑이 정말 진정한 사랑이 될 가능성이 많거든요.

훈련이에요, 훈련! 연습이에요. "사랑해요. 감사해요. 사모해요. 주님 없으면 안 돼요. 주님 없으면 정말 안 돼요. 주님, 정말 너무너무 사랑해요. 너무 감사해요."
"여기까지 인도해 주셔서 너무 정말 감사해요. 주님 계셔서 너무 행복해요. 주님, 저를 버리지 않고 끝까지 참아 주시고, 포기하지 않으셔서 너무 감사해요. 영원 영원토록 주님만 사랑할래요." 이렇게 고백하고, 지혜와 분별을 가지고 애교 떨면 상대방이 사람일지라도 실패할 연애는 없을 거예요. 그러니까 이 작은누이를 그렇게 가르쳐 줘야 하잖아. 내가 경험했으니까!

"우리에게 있는 작은 누이는 아직도 유방이 없구나 그가 청혼을 받는 날에는 우리가 그를 위하여 무엇을 할까"(아 8:8)

○ **지켜야 할 주님 주신 면류관**

그러니까 미쳐라! 적당히 미치는 게 아니라, 완전히 미쳐라! 이 세상이 우리를 끌어가는 힘이 너무 강하고, 흙으로 빚어진 인간의 삶은 세상에 속해 있어서 우리는 미혹될 수밖에 없어요. 그런데 우리는 연약해서 듣고 또 들어도 교회 문을 나가는 순간 잊어버려요. 도대체 얼마나 더 들어야 해요?

우린 이렇게 예수님의 사랑을 매일 얘기해야 해요. 기도하는 순간만큼이라도, 찬양하는 순간만큼이라도, 말씀 읽는 순간만큼이라도, 그리고 이렇게 예배드리는 순간만큼이라도, 계속 쌓이면 나중에 작은 물방울이 모여서 큰물이 되듯이 그렇게 되는 거예요. 그러니까 여기서마저 그 사랑을 얘기하지 않으면 어디 가서 듣겠어요? 천만번 더 들어도 기분 좋은 말, '예수 그리스도', '예수님 사랑'이죠. 계속 들어서 내 것으로 만들고, 체질화시켜야 해요.

아버지 하나님, 예수님이 이 땅에 오실 때 제일 먼저 부르는 사람들이 우리 교회 되게 해 주세요. 우리 예수님이 제일 만나고 싶은 사람들이 우리 교회 되게 해 주세요. 하나님께서 제일 그리워서 빨리 안고 싶고, 빨리 부르고 싶은 사람들이 우리 교회 되게 해 주세요.

우리가 이 땅에서 힘들지만, 하늘을 쳐다보는 순간 이까짓 거 아무것도 아니라고 생각할 수 있어요. 나 여태까지 살았는데, 내가 저기 놓치면 안 되잖아! 나 여기까지 이렇게 힘들게 왔는데, 내가 하늘나라를 누구 때문에 빼앗기면 안 되잖아! 나 여기까지 이렇게 주님 사랑하고 왔는데, 내가 지극히 작은 것 하나에 넘어지면 안 되잖아!

그러니까 우리는 끝까지 승리하면서 어떤 소리에도 귀를 닫고, 오직 하늘로만 열어야 해요. 그리고 배우고, 받고, 듣고, 본 바를 행하는 거예요.

"내가 속히 임하리니 네가 가진 것을 굳게 잡아 아무나 네 면류관을 빼앗지 못하게 하라"(계 3:11)

○ 주님 사랑으로 주시는 자유

보통 성도들이 믿는 믿음이 아니라 더 깊은 믿음! 그냥 사랑이 아니라 사랑 속의 사랑! 말씀 속의 말씀, 최고의 말씀! 영광 중의 더 깊은 주의 영광! 이 안에 들어가면, 진짜 너무 행복해요. 우리가 그 맛만 봐도, 예수님의 향기만 살짝 스쳐 가도, 예수님의 존재만 살짝 스쳐 가도 얼마나 행복한지 몰라. 안 그러면 정말 너무 슬프죠. 너무 고통스럽고 괴로운 거야.

말씀을 지키지 않으면, 성경 말씀이 무섭고, 예수님이 무섭고, 신앙생활이 버겁고 다 무서워요.
잘 보여야 한다는 생각에 항상 마음이 무거워요. 우리는 어때요? 그냥 즐거워요. 마냥 즐거워요.
제발 어른이 되지 마세요. 신앙에는 어린아이가 되어야 해요. 너무 철

들어서 자기가 하려고 하면 안 돼! 때로는 철없는 어린아이가 돼서 그냥 예수님 품에 있으면 돼요.

"그 때에 예수께서 성령으로 기뻐하시며 이르시되 천지의 주재이신 아버지여 이것을 지혜롭고 슬기 있는 자들에게는 숨기시고 어린 아이들에게는 나타내심을 감사하나이다 옳소이다 이렇게 된 것이 아버지의 뜻이니이다"(눅 10:21)

예수님께서 이 땅에 오실 목적은 심판이 아니에요. 우리를 데리러 오시는 거예요. 예수님이 왜 죽이려고 하시겠어요? 영광 버리고 이 땅에 오셔서 물과 피를 다 쏟으셨는데, 살리려고 하시지, 왜 죽이려고 하시겠어요? 왜? 왜? 주님의 사랑을 모르니까 그렇게 생각하는 거예요. 사랑 안에 들어가면 내가 보여요. 그 안에 들어가니까 제대로 된 신앙생활을 했는지, 안 했는지 보여요.

주님하고 교제하다 보니까, 주님의 사랑에 빠지다 보니까, 내가 어떻게 살아야 하는지 알았어요. 성막의 뜰은 너무 복잡해요. 성소에 들어가야 해요. 성소에서도 지성소로 들어가 주님과 딱 만나는 순간, 진리가 우리를 자유롭게 해요.

"진리를 알지니 진리가 너희를 자유롭게 하리라"(요 8:32)

우리를 위해 주님이 무엇을 하셨는지 알면, 얼마나 잘하셨는지 몰라요.

얼마나 완전하게 하셨는지 몰라요. 얼마나 사랑스러우신지 몰라요. 얼마나 전능하시고, 기묘하신지 몰라요. 영존하시는 아버지이시고, 평강의 왕이에요. 그러니까 죽음 앞에서도 평안한 거예요. 그러면 된 거지. 죽음도 기쁨으로 여기면 된 거지. 우리는 부족함이 없어요. 우리가 그 사랑을 누리고, 그 사랑을 깨닫고, 그 사랑을 받을 때, 다 보이는 거예요. "너희에게 있는 것을 내가 올 때까지 굳게 잡아라."에서 '굳게 잡아라'는 말은 '꽉 잡아라'는 이 정도가 아니라, 앞에서도 말했지만 "너의 모든 것을 다해 잡으라"는 말이에요.

제4장 믿음의 가속도

○ 더 깊이 묵상해야 할 주님

지금 우리가 여기 교회에 가만히 있고, 움직이지 않는 것 같지만, 영혼은 항상 주님과 함께 구원 열차를 타고 계속 올라가고 있음을 마음에 새겨 두시길 바라요. 지금 우리는 이 자리에 가만히 있는 게 아니에요.

우리는 지금도 천국을 향해서 계속 가고 있어요. 세상은 **'중력의 법칙'**에 의해서 모든 물건이 땅으로 떨어지지만, 우리 영혼은 **'하나님 사랑의 법칙'**에 의해 주님 앞으로 끌려 올라갈 수밖에 없어요. 지금 우리는 가만히 있는 것 같지만, 우리의 영은 가만히 있지 않아요. 주님을 향해 더 나래를 펴고, 독수리가 날개를 치며 올라감같이 우리의 영혼은 날마다 주님을 향해서 오르고 있어요. 오르다 보면 밑이 안 보여요.

계속 가다가 어느 목표치를 통과하면, 주님만 보이게 돼요. 믿음의 가속도가 붙어요! 작은 것도 계속 바라보면, 커져요. 그리고 그거밖에 안 보여요. 문제가 생겨서 그 문제만 계속 보면, 문제가 커져서 문제 안에서 절망하고, 낙심하고, 희망이 사라지게 돼요. 그런데 우리가 주님 나라를 계속 본다면, 우리 심령에서 하나님 나라가 커지고, 이 땅의 문제는 작아져요. 그때 비로소 이기게 되는 거예요.

　옛날에 활 잘 쏘기를 소원하는 한 젊은 청년이 있었어요. 활 잘 쏘는 사람을 보면 얼마나 부러운지 병이 날 정도였어요. 그 청년은 수소문 끝에 활 잘 쏘기로 소문나 유명한 선생님을 찾아가 자신도 세상에서 최고로 활 잘 쏘는 사람이 되고 싶다고 가르쳐 달라고 간곡히 부탁했어요. 젊은 청년의 단단히 각오한 모습을 본 선생님은 콩 하나를 주면서 그럼 이 콩을 가져가 3년 동안 바라보라고 했어요. 뜻밖의 제안에 젊은 청년은 너무나 의아했지만, 활을 잘 쏘고 싶은 마음에 참고 1년 동안 선생님이 준 콩을 바라보기로 했어요.

　1년을 바라보다 생각했죠? 활 잘 쏘는 것과 이 콩이 무슨 연관이 있다는 말인가? 무의미하게 시간만 낭비하는 것 같아 젊은 청년은 속이 상해 다시 선생을 찾아갔어요.
　선생님! 활 잘 쏘는 것과 이 콩과 무슨 연관이 있길래 콩만 바라보라고 하는 겁니까? 하고 따져 물었죠. 하지만 선생님의 대답은 마음대로 하라는 듯 단호했어요.

　하는 수 없이 청년은 다시 돌아와 집중해서 콩만 바라보기로 했어요. 참고 견디고 인내하면서 선생님이 시키신 대로 2년 동안 바라보고 있는데 정말 놀라운 일이 일어났어요. 글쎄 아주 작은 콩 하나가 사과처럼 크게 보이기 시작하는 거예요. 선생님의 의도를 알아차린 젊은 청년은 한걸음에 선생님께 달려가 생각지 못한 놀라운 일을 이야기했어요. 그제야 선생님은 고개를 끄덕이며 활 쏘는 방법을 알려 주었지요. 물론 젊은 청년은 나라에서 가장 유명한 활 잘 쏘는 사람이 됐다고 해요.

이처럼 우리도 어떤 일을 하려면 그 일에 집중하여 알아 가는 시간과 자세가 먼저 필요하다고 생각해요. 영적인 일은 더할 나위가 없겠죠. 하나님도 "너희는 이제 가만히 서서 여호와께서 너희 목전에서 행하시는 이 큰 일을 보라"(삼상 12:16)고 말씀하셨잖아요.

하나님의 하시는 일을 집중해서 바라다보면 하늘나라가 어마어마하게 크게 보이게 되는 반면, 세상일은 작게 보이게 되죠. 반대로 세상에 일어나는 문제들만 집중해서 보다 보면 작은 문제조차도 엄청나게 큰 문제로 보이게 될 거예요.

문제가 커 보이는 순간 당연히 패할 수밖에 없지만, 문제가 작게 보이고 하나님 하시는 전능하심이 크게 보이면 큰 문제라 할지라도 당연히 아무 문제도 아닌 게 되겠죠.

하나님을 아는 게 먼저이고, 그다음 하나님에 관한 일을 해도 늦지 않았다고 생각해요.

하나님을 알지 못하고 자기의 열심과 도취에 빠져서 일하게 되면 그게 자기 일이지 하나님 일이라고 말할 수 없어요. 오늘날 교회가 하는 일에 순서가 바뀌었다고 생각해요.

"영생은 곧 유일하신 참 하나님과 그가 보내신 자 예수 그리스도를 아는 것이라"(요 17:3)고 했는데도 말이에요.

> "육에 속한 사람은 하나님의 성령의 일을 받지 아니하나니 저희에게는 미련하게 보임이요 또 깨닫지도 못하나니 이런 일은 영적으로라야 분변함이니라"(고전 2:14)

육적인 것만 보고 너무 잔인한 하나님이라고 말하는 사람들도 있지만, 그거는 하나님을 몰라서 하는 얘기예요. 하나님의 깊이를 알고, 하나님 사랑을 경험해 보니까, 성경 말씀 그대로 하나님은 너무너무 사랑의 하나님이에요. 엄청난 사랑의 하나님이에요. 그런 하나님을 우리가 알지 못하고, 깨닫지 못하는 건 인간 최대의 실수이고, 최대의 불행이고, 최고 잘못이에요.

우리는 반대로 그만큼 주님을 사랑하고, 그만큼 주님의 깊이를 알고, 주님의 마음을 알고, 그리스도의 마음을 갖게 된다면, 사도 바울처럼 세상 것들을 다 배설물로 여기고, 예수 그리스도가 십자가에 못 박히신 것 외에는 아무것도 알지 아니하기로 작정했다고 고백할 정도로 예수님을 사랑하게 돼요.

죽음의 잠을 자지 말라는 거예요. 죽음의 잠을 자지 말라는 뜻은 잠을 자지 말고 기도만 하라는 그런 뜻이 절대로 아니에요. 죽음의 잠을 자지 말라는 거는 예수님을 깊이 생각하라는 말이에요.

주님을 마음에 품고, 늘 주님의 말씀을 묵상하고, 주님을 찬양하며, 주님께 영광 올려드리는 그 시간이 기도 시간이고, 그 시간이 깨어 있는 시간이고, 그 시간이 카이로스의 시간이고, 그 시간이 하나님이 기뻐 받으시는, 하늘에 기록되는 시간이란 거예요. 그 시간이 주님이 원하시는 시간이야.

 물론 우리는 사람이기 때문에 많은 시간 다른 걸 바라볼 수 있고, 다른 걸 생각할 수 있고, 다른 것에 깊이 빠질 수 있어요. 그러나 다시 생각하면 돼요. 계속 반복하고 연습하는 거죠. 시간마다 생각하고, 분초마다 생각하는 훈련이 계속되고, 반복되면 습관이 되고, 체질화가 되죠. 그러다 어느 목표치를 통과하면 생각하지 않으려 해도 계속 생각나는 거야.
 의식 속에서 계속 훈련하다 보면 무의식에 도달하게 된다고나 할까? 그 정도 되면 생각하지 않으려고 해도 자신도 모르게 생각하게 돼요.

 골프에 미친 사람은 눈만 감아도 필드가 보인다고 해요. 바둑에 미치면 바둑알만 보이고, 자동차에 미치면 꿈속에서도 자동차가 보이겠죠. 손양원 순교지에 가니까 이런 글이 적혀 있더라고요. 술에 취한 사람은 술기운으로 살고, 마약에 취한 사람은 마약 기운으로 살고, 예수님에게 미친 사람은 예수 기운으로 산다는 글요.

 그냥 무엇을 하든 생각나는 거야. 이걸 미쳤다고 하는 거예요. 중요한 건 영적 세계에서 나타나요. 여러분이 예수 그리스도의 신부인 것을 어떻게 알아요? 잘 몰라. 들려 올라가면 신부고, 남겨지면 신부가 아니겠죠. 그때 가 봐야 알아요. 우리가 신부가 되고 싶어서 되고, 되기 싫어서 안 되는 게 아니에요. 우리한테서 나오는 게 아니라, 들려 올라가기로 작정 된 사람이 신부의 삶을 사는 거예요. 준비하는 거예요.

준비하지 않고 갑자기 올라갈 수 없고, 신부가 아닌 사람이 결코 준비하는 삶을 살지 않아요. 그러니까 예수님이 오신다는 소리가 농담으로 들리고, 예수님이 더디 오신다고 생각하고, 예수님이 오신다는 말씀이 믿어지지 않고, 예수님이 오신다는 소리를 조롱하는 것 자체가 들려 올라가기로 작정되지 않았다는 증거예요.

성령이 교회들에게 하신 말씀이 들려야 해! 이게 보여야 해! 이게 느껴져야만 해! 한마디를 해도 천 마디를 알아듣는 사람이 있고, 천 마디를 해도 한 마디도 못 알아듣는 사람이 있어요. 육신의 귀는 닫혀도, 영적인 귀는 열려야 해요. 귀 있는 자는 성령이 교회에게 하시는 말씀이 들려야 해요!

○ 하나님의 주권과 섭리

'생명으로 인도하는 문은 좁고 길이 협착하여 찾는 이가 적음이니라' 여기서 '적다'라는 것은 엄청 적다는 것으로 아주 극소수라는 뜻이에요. 믿기만 하면 다 들려 올라가는 것처럼 얘기하지만, 아니에요. 성경은 그렇게 말씀하지 않았어요.

순교에는 죽는 순교가 있고, 산 순교가 있어요. 어떻게 보면 죽는 게 사는 것보다 훨씬 나을 수 있어요. 죽으면 그냥 끝나니까. 죽음은 한 번으로 끝나니까! 그런데 살아서 매일 죽어야 하는 그런 신앙도 있다는 거죠. 산 순교는 매일, 순간마다 죽어야 하니까 천 번도 넘게 죽어야 하는 거죠.

지금은 천국 문이 열려 있어요. 닫혀 있지 않다는 사실이 얼마나 감사한지 몰라요. 열려 있다는 게 무슨 뜻이에요? 기회가 있다는 거고, 희망이 있다는 거고, 아직은 늦지 않았다는 얘기예요.

빌라델비아의 수많은 사람이 우상을 섬겼지만, 빌라델비아 교회만큼은 그렇지 않았어요. 빌라델비아 교회는 예수님의 이름을 배반하지 않고 지켰어요. 많은 사람이 가는 길을 따라가지 않는 게 쉽지 않아요. 쉬울 것 같아도 결코 쉽지 않아요.

사람의 본성은 보이지 않는 것보다 보이는 것에 더 끌리게 되어 있어요. 그런데 이런 환경에서도 배반하지 않고, 말씀을 지켰다는 것은 정말 하나님이 붙들지 않으면 안 된다는 것을 눈여겨볼 필요가 있어요.

그러니까 하나님이 약속한 거야. 하나님께서 지키기로 작정이 되었던 거죠. 하나님께서 하고자 하시는 자를 긍휼히 여기시고, 하고자 하시는 자를 강퍅(剛愎)하게 하세요. 원하는 자로 말미암음도 아니고, 달음박질하는 자로 말미암음도 아니에요. 오직 긍휼히 여기시는 하나님으로 말미암아서 되는 거라고 말씀하세요(롬 9:16). 하나님이 구원하기로 작정하셨으면 되는 거예요.

그러니까 빌라델비아 교회로 작정되어 있으면, 빌라델비아 교회가 되는 거고, 서머나 교회로 작정되어 있으면, 서머나 교회가 되는 거예요. 하나님이 모든 시나리오에 따라 이루세요. 이 세상의 창조부터 심판에 이르기까지, 생명부터 죽음에 이르기까지, 열린 문부터 닫힌 문까지, 모든 것의 시작부터 끝까지 하나님의 주관과 소관 안에 다 들어가 있어요.

우리는 하나님의 인도를 받아서 여기에 와 있고, 하나님께서 구원하기로 작정하셨기 때문에 우리가 믿는 거고, 하나님의 긍휼을 입은 자이기 때문에 긍휼 안에 들어가 있는 거고, 예수님께서 다시 오시기 때문에 준비하라고 하신 거고, 데리고 올라가셔야 하므로 그리스도의 신부로 준비하는 거예요. 이게 우연히 일어나는 게 아니라는 거죠. 모든 건 작가이신 하나님의 시나리오대로 하나님께서 총체적으로 하시잖아요. 그러니까 하나님이 시작하시고, 하나님께서 모든 걸 다 이미 마치시고, 다 이루시고, 다 끝내셨어요.

세상에는 수고하고 노력한 만큼 잘 사는 사람도 있겠지만, 하나님이 선택하시고, 들려 올라가기로 작정된 사람들은 절대로 잘 살 수가 없어. 하나님 내버려 두시지 않아요. 망할 사람들은 망하는 길로 가요. 그런데 하나님이 택한 사람들은 하나님께서 절대 망하는 길로 가도록 놔두시질 않아요. 그래서 의인이 요동하는 거나, 의인이 뒤로 물러가는 거나, 의인이 패하는 것을 주님께서 허락하시지 않는다고 얘기하시는 거예요.

믿음의 사람들은 사실 힘들 수밖에 없어요. 왜냐면 주님이 본인들의 뜻대로 살게 내버려 두시지 않으시니까. 그러니까 뭔가 잘 되는 것 같아도 기도하게 만드시고, 뭔가 괜찮은 것 같은데 항상 뭔가는 남겨 두셔서 주님만 붙잡게 하세요. 이렇게 하시는 이유는 주님께 돌아오고, 주님과 임마누엘 동행하고, 주님의 임재 안에서 주님과 대화하자고 하시는 거예요.

그러니까 우리는 주님의 뜻을 안다면, 우리는 없는 거에 감사해야 하고, 안 되는 것에 더 감사해야 해요. 왜? 하나님께서 나를 망하게 하시려고 괴롭히는 게 아니거든요. 너는 이 세상에서 돌아서서 내게로 와라. 그렇게 하나님께 돌아가면, 하나님이 위로하시고, 우리의 생각과는 다른 하나님의 기쁨을 주시고, 행복을 주세요. 그러니까 나는 부족해도 그냥 너무 감사한 거야. 그렇다고 세상 것을 아주 안 주신다는 이야기는 아녜요. 당연히 원하는 것을 주시죠. 하지만 인자가 올 때에 너의 믿음을 보겠느냐 물으세요(눅 18:8).

사실 따지고 보면, 기도의 목적은 응답이 아니에요. 예수님으로 꽉 채워지는 거예요. 시험의 목적은 이기는 게 아니에요. 시험을 통해서 주님 안에 들어가는 게 목적이에요. 기다림의 목적은 휴거가 아니에요. 예수님과 만남이에요. 혼인 잔치의 목적은 새 하늘과 새 땅에 들어가는 게 아니에요. 예수님 품에 들어가는 게 우리가 원하는 거예요.

우리는 세상의 모든 만물을 해석할 때, 항상 예수님 안에서 해야 해요. 구원의 시험도 예수님 안에서 이기는 거고, 들림을 받는 것도 예수님 안에 있을 때 가는 거고, 천국도 주님 임재 안에 있을 때 가는 거고, 이 땅에서의 승리도 이미 승리하신 주님 안에서 승리하는 거예요. 우리가 할 수 있는 것은 아무것도 없어요. 늘 주님 붙잡고 가는 거밖에 없어요. 천국 가기 위해서 예수님 믿는 게 아니야! 예수님 사랑 안에 있어서 천국 가는 거죠!

"네가 나한테 왔으면, 나한테 다 맡겨. 맡기는 순간 네 거가 아니라, 내 거가 되고, 네가 해결해야 하는 게 아니라, 내가 해결해야 하는 거야." 모든 짐을 주님에게 맡기라는 거죠. 짐이라는 것은 우리의 모든 인생의 짐, 생명, 희로애락, 흥망성쇠, 생사화복을 말해요. 이 모든 것이 다 주님 앞에 있는 거예요. 그러니까 어떤 것을 통해서도 우리가 항상 누리고 느끼는 거는 오직 예수 그리스도예요.

하나님의 이름, 새 예루살렘의 이름 그리고 예수님의 거룩하신 이름이 우리한테 새겨진다는 것은 그 나라에 가서 새겨진다는 말이 아니에요. 이미 우리 안에 성령으로 심령 가운데, 살 속, 뼛속, 세포, 아주 체질에 다 새겼다는 말이에요. 이미 새겨졌기 때문에 이 새김에 대해서 하나님의 인을 치셨다고 말씀하고 계세요. 이미 우리는 태초에 새김을 받았어요. 그만큼 예수님을 빼면 우리는 아무것도 아니에요. 완전히 예수님의 임재 안에서 살았고, 그 삶으로 우리는 완전히 새겨져 있기에 우리가 여기서도 그 나라에 가서도 새김을 받은 거죠. 그래서 우리 신랑이신 예수님이 그토록 좋은 거예요!

○ 주님 사랑의 인치심

'나의 완전한 자'는 정말 찾기가 어려워요. 많은 사람들이 자기 신앙생활에 주님 한 분 더 곁들였을 뿐이지만, 세상 어떤 것도 주님보다 귀하지 않고, 중심을 오로지 예수님께만 향한 사람은 찾기 어려워요. 정말 주님이 없으면 안 된다는 마음을 가진 사람이 '하나뿐이로구나'라는 말을 듣는 거예요.

"나도 너 하나야! 쟤는 나 없으면 안 돼! 쟤는 내가 있어야 해! 쟤는 나 없으면 죽어! 쟤에게는 내가 희망이고 소망이고 생명이야! 쟤는 나만 있으면 돼"…. 그래서 "내 사랑아!"라고 부르시는 거예요! 그런데 이건 하루아침에 되지 않아요.

"내 비둘기, 내 완전한 자는 하나뿐이로구나 그는 그의 어머니의 외딸이요 그 낳은 자가 귀중하게 여기는 자로구나 여자들이 그를 보고 복된 자라 하고 왕비와 후궁들도 그를 칭찬하는구나"(아 6:9)

체질화가 될 정도로 주님의 임재를 경험하고, 계속 주님을 생각해야 해요. 다른 염려 생각하지 마! 우리는 생각할 게 너무 많아요. 그런데 그 많은 생각들을 주님으로 바꾼다면, 우리는 완전한 사람이 되는 거예요. 미래에 대한 걱정과 사람과의 관계에 대한 복잡한 생각을 그냥 예수님으로 바꿔 버려요. 당연히 어렵겠죠. 왜냐하면, 철저하게 세상으로 길들여 왔던 육신의 삶이 하루아침에 바뀌지 않을 테니까. 그러나 예수님이 오실 때까지 계속 끝까지 이 훈련을 반복하시기를 예수님의 이름으로 축복해요.

'이기는 자는 내 하나님 성전에 기둥이 되게 하리니, 그가 결코 다시 나가지 아니하리라.' 너무 귀하죠. 이기는 자에게 주어진 상급이에요. 이건 최고의 약속이고, 최고의 영광이고, 완전한 축복이고, 영원한 축복이고, 그 무엇으로도 바꿀 수 없는 황홀하고 놀라운 축복이에요.

"내가 하나님의 이름과 하나님의 성 곧 하늘에서 내 하나님께로부터 내려오는 새 예루살렘의 이름과 나의 새 이름을 그이 위에 기록하리라"(계 3:12)

이것이 우리 신분증이에요. 주님이 인을 치시는 거예요. 인 맞은 자가 들려 올라가요. 그러니까 이 말씀은 최고의 신분 상승을 말하는 거예요.

여기서 인을 맞지 않은 사람이 하늘에서 갑자기 인 맞을 리가 없어요. 이미 인을 맞은 자들이 이 땅에서 신부의 삶을 살아가는 거예요. 누가 인을 쳤어요? 예수님이 인을 치셨어요. 주님이 우리 앞에 열린 문을 두시고 그냥 와 버리셨는데, 이게 인 맞은 거예요. 그래서 이렇게 내가 주님을 사랑하게 되는 거야.

내가 먼저 사랑하는 게 아니에요. 내가 더 지혜가 있는 게 아니에요. 슬기로운 처녀들이 슬기로워서가 아니에요. 하나님이 인을 치셨기 때문에 불같은 사랑을 하는 거예요. 인 맞은 사람은 이미 사랑을 간구하는 마음이 있어요. 이 마음은 가면 갈수록 커져요. 그래서 이 사랑은 절대 식을 수 없어요. 절대 뒤로 물러가지 않아요. 절대 이 사랑은 약해지지 않아요. 가면 갈수록 더 뜨거울망정 절대 이 사랑은 시시해지지 않아요. 예수님이 이 땅에 오시면, 사랑에 반응해서 가는 거예요. 그리고 주님 앞에 붙어 버려요. 쇠가 자석에 붙는 것처럼요.

○ 잘 죽기 위한 신앙의 연단

우리는 너무 끔찍한 시대에 살고 있어요. 가면 갈수록 파라다이스는 우리에게서 멀어질 거예요.

끔찍한 일만 더 생겨나겠죠. 가면 갈수록 세상 사람들에겐 희망이 없어요. 그러나 우리에게는 희망이 있어요.

왜? 마지막 때에는 어차피 그 길을 걸어야 하니까. 그 길을 통과해야 하는 거니까. 하늘나라 올라가려면 공중권세를 뚫어야 하는 것처럼, 우리가 주님 앞에 이르려면 죽음의 다리를 건너야 하는 것처럼, 이제 하나님 앞에 들려 올라가려면 마지막 환란을 우리는 넘어야 해요. 이건 어쩔 수 없어요. 이게 성경이잖아요.

훈련받는 거 두려워하지 마세요. 내려놓는 거 무서워하지 마세요. 죽어야 살아요. 우리 신앙은 잘 살기 위해서 하는 게 아니에요. 잘 죽기 위해서 신앙생활 하는 거예요. 주님이 "**죽는 거 두려워하지 마라 그러면 진짜 죽는다.**"라고 하셨거든요. **죽음도 담대히 맞이할 수 있는 성도라면 주님 오실 때 당연히 올라가게 될 거예요. 결국 들림의 목적은 이런 사람을 찾아 구원하기 위함이라 믿거든요.**

○ 진실로 주께 찾고 구해야 할 것들

썩어질 것이 아니라, 썩지 않고 영원한 하나님이 기뻐하시는 것을 달라고 해야죠. 육신의 것을 위해서 우리가 그렇게 땀 흘려 기도하고, 그렇게 간절하게 구했다면, 영적인 것을 위해서는 더 간절하게, 더 많이 간구해야 해요.

육신의 복을 지키기 위해서는 그렇게 희생하고, 그렇게 수고하고, 그렇게 애쓰고 살잖아요. 그런데 교회 안에는 그보다 더 크고, 영원하고, 훨씬 가치 있고, 존귀한 복이 있음을 믿으면서, 영적인 부분에서는 그렇게 수고하지 않고, 희생하지 않아요.

물질 문제는 물질에서 해결할 게 아니고, 일 문제를 일에서 해결할 게 아니고, 사람과의 문제를 관계 속에서 해결할 게 아니라, 주님 앞으로 그냥 가지고 가는 거예요. 왜냐하면, 이 문제를 주신 목적은 다른 게 아니거든요. 주님과의 관계를 형성하고, 주님과의 관계를 회복하기 위한 거예요.

주님은 자신의 살아 계심과 그의 능력을 보여 주고 싶어 하시는 의도가 있거든요. 그래서 사랑하는 성도들의 믿음을 더 견고케 하고 싶으신 거예요. 그러니까 어떤 문제가 있거든, 힘든 일이 있거든 주님 앞에 가서 주님과의 관계 속에서 주님과 대화해 보세요.

세세토록 살아 계셔서 역사하시는 하나님이시잖아요. 그러면 말씀을 주시거나, 지혜를 주시거나, 위로하시거나, 이도 저도 안 되면 문제를 해결해 버리세요. 그러니까 주님과의 관계 안으로 들어가면, 더뎌도 빨라. 어려워도 이게 오히려 쉽고 빠른 거예요. 그리고 이거는 절대 불가능하지 않아요. 사랑의 관계가 회복되면서 육신의 문제도 해결돼요.

주님이 날 이렇게 사랑하시는구나! 날 이렇게 기억하시는구나! 나의 모든 일을 세세히, 머리카락 헤아리듯이, 눈 떠서 눈 감기까지, 태어나서 죽기까지 이렇게 졸지도 주무시지도 아니하시며 날 사랑하시는구나!

그래서 제가 그러잖아요. 진짜는 감춰놨다고! 진짜는 심장으로 듣는 거라고! 진짜는 주님과 마음과 마음이 통하는 거라고! 그래서 이런 즐거움이 계속 반복되면, 신앙이 너무 재미있어요. 신앙생활이 정말 기뻐요. 우리 인생이 너무 괜찮아요. 죽는다는 소리가 그렇게 두렵지 않아요. 힘든 일이 있어도 어떤 일이 또 일어날지 기대하게 돼요.

안 좋은 일이 있으면, 주님이 어떻게 역사하셔서 어떤 재미난 스토리를 만드실지 기대가 돼요. 근데 그런 걸 여러 번 체험하고 나면, 잘된다고 너무 흥분하지 않아요. 그리고 안 된다고 너무 좌절하지도 않아요. 절망을 많이 경험하고, 희망과 소망을 많이 발견하게 되면, 다음에는 우리 신앙과 믿음에 단단한 탄력이 생겨요. 근육이 생기고, 멋지게 만들어져요.

사랑 없이 듣는 것은 달라요. 여러분, 사랑하는 사람이 얘기한다면, 흘려듣겠어요? 아니에요!

사랑하는 사람이 얘기하는데, 어떻게 함부로 듣고, 쉽게 잊어버리겠어요. 그러니까 읽는 것이, 듣는 것이 중요한 게 아니라, 내 마음이 주님 앞에서 감동하느냐, 내 마음이 주님과 함께 연락하느냐, 주님과 연합이 돼서 예수님의 마음으로 지금 내가 기뻐하고, 즐거워하느냐가 진짜로 중요한 거예요.

그런데 아직 그런 마음이 없고, 그런 마음이 열리지 않았다면, 계속 주님 앞에 그걸 놓고 기도하는 거야. 하나님 열어 주세요. 보여 주세요. 느끼게 해 주세요. 깨닫게 해 주세요. 감동하게 해 주세요. 저도 주님 사랑하고 싶어요. 저 좀 그 사랑으로 녹여 주셔요. 그러면 주님의 세미한 소리로 우리의 마음을, 심령을 두드리세요. 천 마디 만 마디 설교를 듣는 것보다 이때 그 한마디의 인격적인 만남이 나를 확 변화시켜 버려요. 신앙을 성장시킨다는 얘기죠.

제5장 주님 사랑의 실천

○ 참사랑의 소원

마음을 다하고, 뜻을 다하고, 정성을 다하고, 목숨을 다해 하나님을 사랑하는 건 진짜 힘든 거예요. 이 힘든 걸 했다면, 네 이웃을 사랑하라는 계명은 너무 하기 쉬워요. 우리가 하는 게 아니고, 우리의 짐이 아니고, 내 멍에가 아니고, 내 문제가 아니라, 모두 다 주님이 해결해야 하고, 주님이 이루셔야 할 주님의 일이니까. 네 일을, 네 근심을, 네 염려를, 네 문제를, 네 모든 것을 여호와께 맡기라고 말씀하셨으니까. "너의 행사를 여호와께 맡기라 그리하면 네가 경영하는 것이 이루어지리라"(잠 16:3)

이제 어려운 일이 있을 때 어려운 것을 이기고, 극복하는 거로 끝나지 않고, 어려운 일을 통해 더 주님의 임재 안에 들어가고, 주님의 사랑 안에 깊이 빠지고, 사랑으로 하나가 되어 더 주님을 의지하는 관계가 형성되어 가는 거예요. 이거를 주님이 우리에게 원하세요.

전도서를 쓴 전도자는 산 자보다 죽은 지 오래된 자를 복되고, 이 둘보다도 출생하지 아니하여 해 아래서 행하는 악을 보지 못한 자가 더욱 낫다고 얘기하고 있어요(전 4:2). 그런데 저는 그렇게 생각하지 않아요. 우리는 이 땅에 태어난 게 너무 복이야. 우리는 예수 그리스도의 향기만 맡아도, 우리 삶과 신앙에 하나님의 부드러움이 스치기만 해도 복이에요.

  태어난 게 복이고, 예수님 사랑하는 게 복이고, 나중에 주님 나라에서 주님과 영원토록 임마누엘 하는 게 큰 복이에요.

  죽는 거로 끝나지 않고, 우리는 다시 살아요. 죽음이란? 내가 기도한 것이 이루어지고, 내 꿈이 이루어지는 날이에요. 죽음은 신랑 예수님을 만나는 거고, 사랑하는 사람들을 만나는 날이에요. 죽음 후에 죽음이 다시 없고, 고통이 없고, 애통과 아픔이 다시 있지 않아요. 이제 처음 것은 다 지나가고, 새것으로 홀연히 바뀌는 날이에요. 사망에서 생명으로 이사 가는 날이에요. 우리의 새로운 삶의 축복이 시작되는 날이에요. 추악한 죄악에서 벗어나는 날이며, 예수 그리스도 신부로 아름답고 새롭게 변화하는 모습을 확인하는 날이에요. 누구에게? 죽음을 사모하는 사람들이죠.

  그런데 죽는 걸 좋아하는 사람이 있을까? 한 사람도 없을 거예요. 육체의 소원은 이 땅에서 오래오래 살길 원하는 거야. 나 자신도 매일 "주님 빨리 오세요."라고 말하지만, 내 육체는 살기를 원해요. 그렇다면 "예수님 빨리 오세요."라고 말하는 게 가식적이고, 이율배반적이라는 생각이 들어요.

  이제 자신을 속이지 말고, 이 부분에서 정직해야겠다는 생각으로 주님 앞에 기도했어요. 그런데 주님이 "아니야. 너 빨리 가길 원하는 거 맞아!", "너에겐 삶이 보이는 게 아니라, 보이지 않는 거잖니!"라고 말씀하셨어요. 주님이 인정하셨어요. 우리의 삶을 육체로 판단하는 게 아니라, 내 영혼의 간절함으로 판단하시더라고요. 내 육체는 살기를 원해요. 그런데 진짜 나는 누구예요? 내 영혼이 나예요. 그러니까 내가 주님 앞에 고백하는 건 내 육체가 아니라 내 영혼이었구나. 그리고 우리가 살아가는 거는 보이는 게 아니라 보이지 않는 거였구나. 그다음부턴 너무 자유로워요.

"우리가 주목하는 것은 보이는 것이 아니요 보이지 않는 것이니 보이는 것은 잠깐이요 보이지 않는 것은 영원함이라"(고후 4:18)

○ **복 있는 성도의 삶**

에스겔 9장 4절에 표하지 않은 사람들을 죽이되 불쌍히 여기지 말고, 심판하라고 말씀하셨어요. 이런 것을 보면 하나님은 기회를 수없이 주시고, 하나님의 사랑은 끝이 없지만, 사랑과 기회를 받아들이지 못한 이들에게는 재앙의 결과는 너무 끔찍하다는 거죠.

지옥이 끔찍한 곳이지만, 하나님의 사랑을 받아들이지 않은 결과가 저렇게 참혹하다는 것을 생각하면, 반대로 하나님의 사랑이 얼마나 크고 귀한지를 알 수 있어요. 하나님은 우리가 상상할 수 없는 어마어마한 사랑을 우리에게 부어 주고 계세요. 그래서 그 사랑을 외면하는 것 자체가 지옥보다 더 끔찍한 지옥이라고 믿어요.

성경은 읽는 정도가 아니라 외워버리는 정도가 되어야 해요. 너무 사모하니까 그냥 심령에 박혀 버려요. 사랑하는 사람의 말은 심령 깊은 곳에 박히게 돼 있어요. 그게 사랑이에요. 그래서 그 사랑의 말은 외면할 수가 없어요. 그 사랑은 부인할 수도 없고, 부정할 수도 없고, 따지지도 않아요. 오히려 사랑은 어마어마한 허물이 있을지라도 덮어 버려요. 이게 사랑이에요.

예수님의 향기만 있어도 우리는 정말 복 있는 사람들이에요. 예수님의 이름만 불러도 구원을 얻는다고 말씀하시잖아요. 그런데 그냥 예수님의 이름만 부르고, 예수님과 상관없는 삶을 살겠어요? 아니에요. '부른다'는 단어 안에는 어마어마한 사랑이 들어 있어요. 오묘한 사랑의 깊이가 있어서 그 사랑으로 부르는 거예요.

"누구든지 주의 이름을 **부르는 자**는 구원을 받으리라"(롬 10:13)는 '부르는 자'의 부름이 단순한 부름이 아니라, 하나님의 선하심과 능력, 지혜와 신실하심을 알고 있는 상태에서의 부름이라고 원어에 적혀 있더라고요. 애써 부르다, 힘써 부르다, 목 놓아 부르다, 소리높여 부르다, 간절하게 부르다… 자신의 죄를 철저히 깨닫고 자신의 무능함과 연약함, 불의와 죽음을 깨닫고 부르짖는 부름으로 부른다는 사실을 알아야 할 것 같아요.
그저 단순히 주의 이름만 부른다고 구원을 얻는 게 아니라는 사실을 알아야 해요.

예수님의 사랑은 형제의 우애보다 더 끈끈하고, 예수님의 사랑은 친구의 사랑보다 더 돈독하고, 예수님의 사랑은 연인의 사랑보다 더 애틋하고, 예수님의 사랑은 부모의 사랑보다 더 간절해요.

주님의 사랑은 세상에 있는 모든 사랑을 다 합쳐 놓아도 그의 사랑과 비교할 수 없어요.

신랑을 기다리던 슬기로운 다섯 처녀와 미련한 다섯 처녀 모두 다 졸며 잤어요. 중요한 거는 모두 졸며 잤어요. 그런데 아가서에서 잠은 잘지라도 마음은 깨어 있으라고 했어요. 여러분 마음이 깨어 있다는 말은, 사랑이 깨어 있다는 거예요. 사랑이 깨어 있으면 사랑하는 사람에게 관심이 있다는 말이고, 자도 자는 게 아니에요. 바람 소리에도 신랑이 오실지 몰라 반응해요. 하늘에 구름만 많이 떠도 주님이 오시려나 반응해요. 천둥·번개 소리에도 신랑이 오실지 몰라 반응해요. 어떤 소리에도 우리는 반응하게 되어 있어요. 자도 자는 게 아니에요. 진짜 사랑은 이런 거예요.

신앙생활은 목적지를 향해 가는 과정이에요. 그런데 과정인 신앙생활이 목적이 된다면 진짜 목적을 잃어버려요. 오늘날 교회가 이래서 많이 힘들어지는 거예요. 예수님을 사랑하는 것이 목적이거든요. 그게 핵심이고 그게 본질이거든요. 그게 생명이거든요. 이게 말씀이란 말이에요. 이게 믿음의 옳은 행실이에요. 그런데 오늘날 교회는 팩트이신 예수님은 잃어버리고, 신앙생활에 빠져 진짜 복음인 예수님은 잃어버리고 살아요.

그러니까 예수님의 사랑은 우리가 뭔가를 많이 해서 사랑을 받는 게 아니에요. 우리가 아무것도 하지 않았을 때도 예수님 우리를 너무너무 사랑한다는 걸 느낄 수 있다면 이게 진짜 사랑이란 거지요. 그렇다고 아무것도 하지 말라는 그런 뜻은 아니에요. 기도도 하지 말고, 신앙생활도 하지 말고, 아무 일도 하지 말라는 그런 뜻이 아니에요.

진짜 사랑은 아무것도 안 했을 때 우리는 죄의식을 느끼는 게 아니라, 아무것도 안 하는 나를 주님이 왜 이렇게 사랑하시는 거지? 하나님은 우리가 의로워서 우리를 사랑하는 게 아니라, 죄인이었을 때에도 하나님이 이미 우리를 사랑했다는 얘기예요. 아무것도 안 하고, 죄인 되었을 때 사랑하셨다면, 열심히 살고 있는 지금은 얼마나 더 사랑하시겠어요. 그러니까 기준을 우리의 신앙생활에 맞추지 말고, 항상 고개를 하늘로 향해서 주님의 사랑에 맞추고 살라는 얘기야.

그럼, 얼마나 진리가 자유롭게 하는지, 얼마나 기쁘게 하는지, 얼마나 행복하게 하는지, 심지어 전쟁 같은 끔찍한 상황 속에서도 희망을 잃지 않게 될 거예요. (시 27:3)

> "일하는 자에게는 그 삯이 은혜로 여겨지지 아니하고 보수로 여겨지거니와 일을 아니할지라도 경건하지 아니한 자를 의롭다 하시는 이를 믿는 자에게는 그의 믿음을 의로 여기시나니"(롬 4:5)

○ 하나님 섭리로 맺은 사랑의 열매

말과 글로 예수님을 배운 사람이 있고, 마음으로 심령으로 중심으로 예수님을 아는 사람이 있어요. 나는 예수님과 함께 그 사랑이 시작되었기 때문에, 나는 이 사랑으로 지금까지 꽃피웠기 때문에, 나는 이 사랑의 열매를 맺었기 때문에, 예수님의 사랑을 전하는 모든 것들이 우연이 아니라 하나님의 섭리예요.

보이는 건 잠깐 있다가 없어지는 거예요. 죽었다 살아나는 엄청난 일이 있을지라도 사람은 시간이 지나면 그 사실조차 잊어버리게 돼 있어요. 그런데 보이지 않는 하나님의 영적 세계를 우리가 보게 된다면, 이건 잊을 수가 없을 거예요. 하나님이 심령 안에 주시는 응답, 영혼에게 주시는 응답은 보이는 게 아니에요. 하나님이 왜 그러셨을까요? 우연히 그렇게 된 게 아니에요. "너한테 관심 있어. 하나님이 너한테 집중하고 계셔. 너 무너무 사랑하시니까."

오늘 하루의 주인공 누구예요? 하나님이 주목하시고, 하나님이 집중하시고, 하나님이 세우시고, 하나님이 기뻐하시고, 하나님이 사랑하시는 사람이 주인공이에요. 그렇다면 보이지 않는 것을 보는 사람이 주인공이 될 확률이 더 높겠죠. 왜냐하면, 그렇게 훈련해 가시는 게 하나님 스타일이시니까. 그러니까 이게 말로 되는 거예요? 이게 글로 되는 거예요? 이게 가르친다고 되는 거예요? 이게 어떻게 주석에 나오겠어?

그러면 하나님이 왜 그러셨을까? 너한테 관심 있거든! 내가 널 사랑하거든! 70억 이상의 인구 중에서 왜 나한테 관심 있는 거야? 많은 교회 중에서 왜 우리교회에 관심이 많으실까? 주님이 세우셨으니까! 주님이 사랑하시니까! 주님이 여기까지 인도하셨으니까! 주님이 임재하시고, 좌정하시고 다스리시니까!

성도의 수가 많고 적음이 중요한 게 아니에요. 진짜가 있느냐가 중요해요. 어둠이 문제가 아니라, 빛이 있느냐가 중요한 거예요. 죽어 가는 영혼들에게, 또 그리스도의 신부로 준비되기로 작정 된 사람들에게 우리는 예수 그리스도의 오심을 전해야 해요.

우리는 나팔수예요, 나팔수! 우리는 광야에서 외치는 자의 소리예요. 우리는 주님의 소리를 듣고, 그 소리에 반응하고, 그걸 외치는 거예요. 뭐라고? 예수님이 오신다고! 예수님을 사랑하라고! 천국이 가까웠다고! 그의 길을 예비하라고! 그의 첩경을 평탄케 하라고! 중요한 거는 우리의 사명이 분명하다는 거예요.

내가 가야 할 길이 분명하다는 거예요. 우리 교회가 가야 할 길이 분명하다는 거예요. 우리가 행해야 할 일이 너무 분명하다는 거예요. 너무나 확실해요. 물론 이 외에도 어딘가에 주님이 사랑하는 성도와 예배당은 엄청 많겠죠. 그런데 그곳이 어디에 있고, 어느 곳이 진짜고 어떤 사람이 진짜인지 알지 못한다는 게 문제죠. 세상에는 진짜보다 더 진짜 같은 가짜가 너무 많으니까요. 정말이지 미혹 당할 수밖에 없는 환경이 되어 버렸어요.

○ **주님 사랑으로 가득한 삶**

부르심을 입은 사람과 부르심을 입지 않은 사람의 신앙은 확실히 달라요. 하나님 앞에서 이런 훈련을 받은 사람은 나중에 주님의 사랑에 완전히 미치게 돼요. 예수 그리스도로 가득 차요. 예수 그리스도로 충만해요.

다른 건 눈에 안 들어와요. 주님만 눈에 들어와요.

　신앙의 연륜이 쌓이면 쌓일수록 예수님만 보여요. 그런데 왜 시간이 지날수록 다른 이론이 나오고, 자기 철학이 나오고, 자기 신앙이 나올까요? 변화산에 올라갔을 때, 예수님 외에는 아무것도 보이지 않았다고 했어요 (마 17:4). 그게 그리스도의 신부들의 진정한 모습이에요. 사랑에 빠져 버리면 다른 것이 그렇게 중요하지 않아요. 이거는 가르침이 아니라, 그냥 그렇게 돼요. 그게 한 번에 되지는 않고, 시간이 필요해요. 많은 경험과 체험, 많은 훈련이 필요해요.

　토기장이는 진흙 한 덩이로 천한 그릇과 귀한 그릇으로 만들 수 있다고 했어요. 우리는 귀한 그릇이란 거예요. 한마디로 우리를 귀하게 부르신 거예요. 그런데 우리 자신을 보면, 귀한 게 하나도 없어요. 그러면 어떻게 무엇으로 귀하다는 증명을 할 수 있을까요? 예수 그리스도로 충만한 사람이 귀한 거예요.

　하나님께서 우리의 모든 것들, 모든 의지, 모든 의식, 모든 생각, 우리의 모든 삶의 목표, 우리의 모든 삶의 중심을 다 주님께만 있게 하신 것은 분명 주님의 사랑이에요. 하나님은 질투하시는 여호와시기에 우리가 다른 것에 마음 뺏기는 걸 싫어하세요. 남녀가 사랑하는데, 상대방 외에 다른 사람을 쳐다보면 그것처럼 힘든 게 없어요. 그거처럼 고통스러운 게 없어요. 그러니까 질투의 하나님이 너는 다른 데 마음 뺏기지 마! 오직 나만 사랑해!

마음을 다하고, 뜻을 다하고, 지혜를 다하고, 믿음을 다하고, 목숨을 다해서 주님을 사랑해! 이렇게 하다 보면 우리는 다른 데 눈을 돌릴 수 없어요. 미워서 혼내는 거야? 아니에요! 사랑해서….

벌주는 거야? 아니에요! 새롭게 변화시켜 주시는 거예요! 왜, 힘들게 하는 거야? 우리를 더 그리스도의 신부답게 하시려고! 세상에 마음 빼앗기지 못하게 하려고!

"이 세상이나 세상에 있는 것들을 사랑하지 말라 누구든지 세상을 사랑하면 아버지의 사랑이 그 안에 있지 아니하니 이는 세상에 있는 모든 것이 육신의 정욕과 안목의 정욕과 이생의 자랑이니 다 아버지께로부터 온 것이 아니요 세상으로부터 온 것이라"(요일 2:15-16)

○ **기도는 기도는**

기도는 주님을 의식하는 거예요. 주님을 의식하고, 주님과 숨 쉬고, 주님과 대화하는 게 기도예요. 기도라는 이름으로 주님이 우리랑 대화하고 싶으신 거예요. 기도라는 이름으로 주님이 우리를 만나고 싶으신 거예요. 기도란? 우리가 원하는 걸 구하는 게 아니에요.

그러니까 기도는 다른 게 아니라, 주님을 생각하는 거예요. 우리를 사랑하시는 예수님을 의식하는 거예요. 예수님 이름만 불러도 가슴이 떨려요. 왠지 마음이 너무 기쁘고, 즐거워요. 문제를 해결하기 위해서 주님을 찾는 것이 아니라, 그냥 주님이 좋아서 주님을 찾는 거예요. 천국 가려고 예수님을 믿는 게 아니라, 예수님이 너무 좋아서, 예수님과 함께 임마누엘 동행하다가 천국 가는 거예요. 우리를 구원해 주신 사랑에 감격하고 감사해서 주님을 찾는 거예요.

제6장 성숙한 신앙의 노래

○ 주시기를 원하시는 하나님

하나님은 우리에게 응답하시길 원하시고, 우리에게 주기를 기뻐하세요. 만약 자녀가 있는데, 줄 능력이 없다면 마음이 아플 거예요. 또 줄 수 있는 능력은 되는데, 줄 자녀가 없는 것도 마음이 아플 거예요.

그런데 주고 싶고, 줄 수 있는 능력도 되는데, 자녀들이 지금 받으면 안 되는 상황이라면, 몇 배로 마음이 아플 거라는 생각이 들어요. 주님은 줄 수 있는 능력이 있어요. 사랑도 넘쳐요. 그리고 줄 자녀도 있어요. 그런데 자녀가 지금 받으면 안 되는 상황이라면, 주님은 얼마나 마음이 아프시겠어요. 그래서 받을 자격이 있는 자녀로 만드신 후에 주시는 거예요. 그걸 우리는 하나님의 사랑이라고 얘기해요.

그런데 사람들은 그걸 하나님의 시험이라고 얘기하고, 연단이라고 말하고, 하나님의 매라고 생각해요. 어떤 이는 하나님이 싫어하신다고 말하고, 버렸다고도 해요. 사실 금식하고 떼쓰고 부르짖고 난리 치면 주시긴 할 때도 있어요. 하지만 이런 식의 기도는 옳지 않아요. 마치 기도라는 이름으로 하나님 앞에서 시위하거나 항의하거나 반항하는 것과 같은 의미죠. 기다림의 성숙한 신앙이 필요하다고 생각해요.

"여호와께서는 그들이 요구한 것을 그들에게 주셨을지라도 그들의 영혼은 파리하게 하셨도다"(시 106:15)

○ 갈수록 힘들어지는 세상

AI라는 게 나왔어요. 이건 핵무기보다 더 무서운 거예요. AI는 우리의 삶을 모두 바꿔 버리는 거예요. 그리고 우리가 할 일들을 AI가 대체해서 일자리가 없어질 거예요. 처음에는 편한 세상이 될 것처럼, 염려 없이 살 것처럼, 행복할 것처럼 시작하겠지만, 도적이 오는 건 도적질하고, 죽이고, 멸망시키려고 오는 거예요. 모든 정신을 피폐하게 만들고, 사람들의 마음을 혼란스럽게 하고, 사상들을 조장할 거예요.

거리에서는 동성애 축제를 해요. 누가 알까 봐 무섭고, 누가 볼까 겁나는 그런 것들을 이제는 대낮에, 도심 한복판에서 해요. 근데 이거를 옹호하는 사람이 있고, 칭찬하는 사람도 있고, 거기에 동참하는 사람이 있고, 그걸 뭐라고 하는 사람을 뭐라고 하는 사람이 있어요.

심지어는 물리적인 변화 없이도 성별을 정정하고 싶으면 정정할 수 있는 법이 통과될 거라고 하네요. 이러다 보면 무엇이 진짜인지, 무엇이 가짜인지, 뭐가 미친 짓인지, 뭐가 정상인지 모르게 돼요. 무엇이 선인지, 무엇이 악인지 구별하지 못하게 돼요.

생각이 허망해지고, 미련한 마음이 어두워지니까 소경이 돼요. 그리고 다른 소경을 인도하니까 둘 다 구덩이에 빠지게 돼요. 오늘날 우리는 성령으로 사로잡혀 진리와 비진리를 분별하고, 선과 악을 분별할 수 있어야 해요. 우리 신앙이 뚜렷해야 해요.

아가서 말씀처럼 아침 빛같이 뚜렷하고, 달같이 아름답고, 해같이 맑고, 기치를 벌인 군대같이 당당하고, 엄위해야 하는 거예요. 진리가 아니면 죽음이라는 생각으로, 하나님의 사랑이 아니면 다른 거 다 필요 없다는 마음으로 사는 거예요. 그러니까 우리가 주님 안에서 꼭꼭 숨어서 꼼짝 말고 살아야 그나마 우리가 주님의 보호를 받는 거예요. 그분이 피난처이시고, 산성이시고, 우리를 도우시는 하나님이시잖아요. 지존(至尊)하시고, 영존(永存)하시고, 무소부재(無所不在)하시고, 신묘막측(神妙莫測)하시고, 전지전능하신 하나님이시잖아요.

"나는 포도나무요 너희는 가지니 저가 내안에, 내가 저 안에 있으면 이 사람은 과실을 많이 맺나니 나를 떠나서는 너희가 아무것도 할 수 없음이라"(요 15:5)

○ 참예(參詣)해선 안 될 바벨론의 죄악

성경을 보면, 바벨론에 대한 말씀이 많이 나와요. 이는 이미 오래전부터 주님이 선지자들을 통해 계속 바벨론의 위험성과 바벨론의 길을 좇지 말 것과 바벨론의 모든 것을 경계하시는 말씀들을 수없이 했다는 거예요. 주님은 항상 말씀하시고, 다시 말씀하시고, 인치듯이 교훈하셔서, 결국 우리를 위험에서, 죄에서, 악에서, 하나님을 대적하는 곳에서 빼내시는 거예요.

하나님은 "내 백성아 거기서 나와 그의 죄에 참예하지 말고, 그의 받을 재앙들을 받지 말라"고 경고하세요(계 18:4). 바다에 살지만, 살아 있는 물고기는 짜지 않아요. 이처럼 우리가 육신은 비록 이 땅에 살지만, 주님 안에 살아 있는 영들은, 주님과 함께하는 영들은, 예수 그리스도로 옷 입은 영들은 절대 세상에 물들지 않아요.

우리는 주님이 주신 생각으로 머리부터 발끝까지, 살 속, 뼛속, 골수, 세포까지 채웠잖아요. 우리 심령에 예수 그리스도의 보혈이 흐르고 있잖아요. 우리는 주님의 생명으로 살고 있잖아요. 그러니까 우리는 주님에게 반응하지, 절대 세상에 반응하지 않아요.

○ 설명이 필요 없는 사랑

사실 사랑은 설명이 필요 없잖아요. "사랑을 이렇게 해라. 저렇게 해라."라고 말할 수 없잖아요.
인생살이에 공식이 없고, 신앙생활에 특별한 방식이 없듯, 사랑에도 정해 놓은 해답이 없어요.
본능으로 나오는 거니까. 사랑하면 모든 생각이 거기 있잖아요. 사랑하는 사람에게 다 있잖아요. 사랑을 하면 세상에 보이는 게 없어요. 아무것도 안 보여요. 그냥 둘만 보여요.

우리가 예수님을 정말 사랑한다면, 우선순위에 그 사랑을 둔다는 말을 하고 싶은 거예요. 먼저 그의 나라와 그의 의를 구하라고 하셨을 때, '먼저'라는 말은 첫 번째, 두 번째 이런 순위를 얘기하는 게 아니에요. '먼저'란? '유일하게', '특별하게', '오직'을 뜻해요. 첫째도 예수님 둘째도 예수님 셋째도 예수님, 오직 그 나라만 구하라고 말씀하시는 거예요. 다시 말해 너희는 먼저 **"그의 나라"** 그러니까 **"나라"**라는 의미는 원어로 '바실레이아' 장소적 개념이 아니라 예수님의 통치와 지배, 다스림을 뜻하는 것이에요.

그의 통치, 지배, 다스림이 있는 곳이 **"그의 나라"**라는 얘기예요. 주님의 임재 안에서 그분이 다스리고, 지배하시고 통치하시면 그 어느 곳이 됐든지 하나님 나라가 임하신 것입니다. 그리고 주님이 임하셔서 주님이 다스리는 나라가 곧 **'그의 의'**가 되겠죠.

만일 우리 자신이 주님의 다스림과 통지를 받는다면 내 자신이 하나님 나라이고, 우리 가정이 하나님의 지배와 다스림을 받으면 우리 가정이 하나님 나라예요.

우리 교회가, 우리 사회가, 우리나라가 주님의 통치와 다스림, 지배를 받게 되면 주님이 임하시는 그곳이 하나님 나라가 돼요.

"그런즉 너희는 먼저 그의 나라와 그의 의를 구하라 그리하면 이 모든 것을 너희에게 더하시리라"(마 6:33)

우리가 은혜를 받을 준비가 됐다는 것은 주님을 향한 사모함과 사랑, 뜨거운 그리움으로 우리 속에서 헐떡이고 있다는 말이에요. 그럼 내가 어떤 얘기를 해도 여러분은 마음속에서 한 마디도 열 마디로 들리고, 작은 소리도 큰소리 들리고, 비록 약하게 말할지라도 강하게 심장을 울릴 거예요. 오늘도 성령 하나님께서 그런 역사로 함께 하시는 그런 신령하고 진정한 예배가 되기를 예수님의 이름으로 축복합니다.

○ 땅이 환해진 주님 영광

"천사가 하늘에서 내려오는 것을 보니 큰 권세를 가졌는데 그의 영광으로 땅이 환하여지더라"(계 18:1)

천사가 내려오는데 이 땅이 환해졌어요. 우리 예수님은 세상의 빛이요. 하늘의 빛이요. 구원의 빛이요. 영혼의 빛이요. 천국의 빛이에요. 우리 주님이 빛이에요. 우리가 눈이 밝아서 사물을 보는 게 아니에요. 빛으로 보는 거예요. 빛이 없으면, 아무리 눈이 좋아도 우린 아무것도 볼 수가 없어요.

하나님의 모든 빛, 하나님의 강력한 빛이 임하면서 땅이 환해졌다는 것은 숨긴 것들이 다 드러났다는 말이에요. 감춰진 것이 다 알려졌다는 이야기예요. 아침에 청소하려고 커튼을 열어젖히고, 창문을 열면, 해가 비취면서 구석구석에 있는 먼지와 찌든 때가 다 보여요. 빛이 비췄다는 것은 숨겨진 것들이 다 드러나고, 보이지 않는 것들이 보인다는 말이에요. 주님이 임하시면, 우리의 모든 숨겨졌던 신앙의 모든 부분이, 우리 삶의 모든 부분이, 우리가 살아온 모든 과정이 다 보인다는 거예요. 보이는 것만이 보이는 게 아니라, 보이지 않는 심령의 죄악까지도 다 보여요.

이런 사실을 알면, 마음에 두려움이 엄습해요. 너무 거룩하게 살아서, 너무 괜찮게 살아서, 진짜 진실하게 살아서, 부끄러움 없이 살아서 당당할 사람이 있을까요? 없겠죠. 왜냐하면, 주님의 빛은 우리가 생각하는 그 정도의 빛이 아니거든요. 그러니까 주님께서 이 땅에 임하시는 그날에는 우리가 상상할 수도 없고, 생각할 수도 없는 하나님 영광의 빛이 태어나서 죽음 앞까지 우리 자신도 알지 못했던 모든 죄악을 낱낱이 드러낼 거예요.

그리고 우리가 살아오면서 생각하지도 깨닫지도 못한 결과가 나올 수도 있어요. 좋은 일을 했는데, 그게 나쁜 일로 나타날 수도 있어요. 아무 생각 없이 했던 일이 어마어마한 결과로 나타날 수도 있어요. 천국에 가면 세 번 놀란다잖아요. "강도가 어떻게 여기 왔을까? 그렇게 믿음 좋던 사람이 왜 안 왔을까? 나는 어떻게 왔을까?" 하며 놀란다고 해요. 천국에 가면 궁금했던 사실들 확인하느라 천년의 시간도 금방 갈 것 같다는 생각이 들어요. 참으로 신기할 거예요.

빛에 관한 이야기가 나왔으니 한 마디하고 갈게요. 이사야 60장 1절 말씀을 보면 "일어나라 빛을 발하라 이는 네 빛이 이르렀고 여호와의 영광이 네 위에 임하였음이니라"고 말씀하고 계시잖아요. 2절 말씀에는 "보라 어두움이 온 땅을 덮을 것이요 캄캄함이 만민을 가리울 것"이라고 하세요. 과거에도 마찬가지였지만 지금 이 시대 역시 어두움이 심하면 심하지 덜하지 않거든요.

사실 예나 지금이나 어둡고 캄캄함을 상징하는 인간의 패역함과 죄악의 관영(貫盈)함이 시대마다 있었다는 말씀이잖아요. 결국 따지고 보면 어두움이 문제가 아니라 빛이 없음이 문제인 거죠. 무슨 말이냐면 세상은 어두움으로 가득해서 망하게 되는 게 아니라, 하나님의 빛이 없음으로써 망하게 된다는 말이야! 그러니까 칠흑같이 어두울 때는 작은 빛만 있어도, 망하지 않아!

우리가 하나님의 빛이고, 세상의 빛이고, 영혼의 빛이라면 소망 없는 이 세상도 소망이 생긴다는 얘기예요.

"너희는 세상의 빛이라 산 위에 있는 동네가 숨기우지 못할 것이요"(마 5:14)

의인 10명만 있어도 희망은 있는 거거든요(창 18:32). 하나님은 우주 만물을 창조하실 때 태양에만 빛을 주셨다고 들었어요. 태양의 빛이 달에게 반영되고, 별에게 반영되어 반짝반짝 비추는 거래요. 우리에게 하나님의 빛이 비췬다면, 우리 역시 하나님의 도구로 아름답게 쓰임 받게 될 거라 믿습니다. 이사야 60장 마지막 절에는 이렇게 끝나요!

"그 작은 자가 천 명을 이루겠고 그 약한 자가 강국을 이룰 것이라 때가 되면 나 여호와가 속히 이루리라"(사 60:22)

제7장 순수한 신앙

○ 마음 전부를 주님께 드림

우리는 예수님을 사랑하되 그냥 사랑하는 게 아니라, 지독하게 사랑해야 해요. 온 맘을 다하고, 정성을 다하고, 지혜를 다하고, 믿음을 다하고, 목숨을 다해 사랑하는 거예요. 그리고 끝까지 사랑하는 것이 중요해요. 그렇게 사랑하는 사람은 다른 생각을 할 시간이 없어요. 다른 것을 바라볼 여유가 없다는 거예요.

주님은 에베소 교회에게 처음 사랑을 회복하라고 하셨어요. 그렇지 않으면 촛대를 옮기실 거라고 하셨어요. 에베소 교회에 사랑이 없었던 게 아니라, 사랑이 있었어요. 그것도 순수한 첫사랑요. 사랑을 회복하라는 말씀은 결국 첫사랑이 있었는데 그 첫사랑을 잃어버렸다는 거예요. 그러니까 회개하고 회복하라고 하시는 거죠.

그러니까 사랑은 있다가도 없어질 수 있어요. 사랑하지만, 그 사랑이 식을 수 있고, 사랑을 잃어버릴 수 있다는 거예요. 사랑을 잃어버리는 순간, 우리에겐 죽음이에요. 촛대를 옮겨 버리신다고 하셨거든요. 그 사랑을 절대 잃어버리면 안 돼요. 혹시라도 그 사랑이 식어서도 안 돼요.

주님은 네가 신앙생활을 얼마나 열심히 하느냐, 얼마나 물질을 많이 드리느냐, 얼마나 많은 일을 하느냐 이런 거를 보시는 게 아니에요. 에베소교회는 처음에는 첫사랑으로 칭찬받은 교회예요. 그런데 첫사랑을 잃어버린 원인이 너무나 어이가 없어요. 한마디로 에베소교회는 하나님의 일을 너무나 열심히 하다가 진짜이신 예수님의 첫사랑은 잃어버리게 된 거예요. 주님의 일을 열심히 하느라 주님을 잃어버렸다는 것이 말이 안 되잖아요? 신실한 신앙생활이 과연 어떤 것인지 잘 생각하고 분별해야 해요.

"내가 증거하노니 저희가 하나님께 열심이 있으나 지식을 좇은 것이 아니라 하나님의 의를 모르고 자기 의를 세우려고 힘써 하나님의 의를 복종치 아니하였느니라"(롬 10:2-3)

○ 들어야 할 주님 사랑과 심판 메시지

우리 하나님은 누구에게나 기회를 주세요. 믿음이 있든지 없든지, 성령에 속했든지 속하지 않았든지 세상 모든 사람에게 하나님은 기회를 주시고, 말씀하신 후에 심판하세요. 갑자기 심판하시는 분이 아니에요. 심지어는 음녀에게도 주님의 때를 알려 주세요.

그런데 하나님의 말씀을 안 듣는 사람이 있고, 듣지만 무시하는 사람이 있어요. 모두 같은 사람들이에요. 그런가 하면 들으면서도 무엇인지 깨닫지 못하는 사람들이 있어요. 참으로 안타깝죠. 우리는 듣고, 깨닫고, 지켜 행하는 자가 되어야 하겠죠. 그런데 이게 들려야 듣죠. 마음이 세상으로 가득한 사람들한테 이게 들릴 리가 없고, 들린다 한들 잊어버리게 돼 있고, 처음에는 들리는 거 같아도 시간이 지나고, 삶이 분주하다 보면 잊어버리게 되어 있어요. 그런데 어떤 사람들은 절대 잊어버리지 않고, 가슴에 새기는 사람들도 있어요.

그러니까 우리는 계속 거듭거듭 들어야 하겠죠. 다른 얘기가 아니라, 우리 예수님에 대한, 주님의 심판에 대한, 주님의 사랑에 관한 얘기를 계속 들어야 해요. 여러분은 들어야 하고, 들려져야 하고, 다음에 지켜야 하고, 나중에 행해야 하는 거예요. 이 모든 것들이 단번에 되는 건 아니지만, 듣다 보면 이슬비에 옷 젖는 것처럼, 우리 심령이 계속 젖으면서 이 세상이 전부가 아니라는 것을 경험 속에서 알게 돼요. 주님이 반드시 그렇게 하세요!

○ 순수한 신앙 바라시는 주님

요한계시록 18장 3절에 "그 음행의 진노의 포도주로 인하여 만국이 무너졌으며"라고 했어요. 진노의 포도주를 6절에서는 "섞은 잔"으로 표현하고 있어요. 하나님이 진노하시는 이유는 '이 진노의 포도주' 즉 '섞은 잔' 헬라어 '믹뉘미'는 섞였다는 것은 혼합되었다는 말이에요. 종교다원주의(宗敎多元主義, religious pluralism), 혼합주의(混合主義, syncretism)는 이것저것 마구 뒤섞어 놓은 거잖아요. 다른 어떤 죄보다도 배나 더 악한 거예요.

저는 세상에서 나타나는 게 아니라, 보이지 않는 주님과의 관계를 항상 얘기하고 있어요. 그래서 주님의 은혜 가운데 들어가지 않으면, 주님과의 관계도 맺지 못하고, 열매도 맺지 못해요. 우리가 원하는 것은 아무것도 얻을 수가 없어요. 영으로나, 육으로나 아무것도 할 수 없어요.

'섞은 포도주'는 순수하고 유일하게 주님이어야 하는데, 거기다가 율법을 섞고, 신비를 섞고, 기복도 섞고, 인본주의도 섞은 거예요. 제가 복음과 율법을 정의했잖아요. 복음의 정의는 '하나님이 하셨습니다!'이고, 율법의 정의는 '내가 하느냐, 하지 않느냐!'예요. 어떤 거는 주님이 하시고, 어떤 거는 내가 하는 게 아니에요. 전적으로 주님이 하시는데, 우리는 너무 많이 '내'가 들어가 있어요. 결국 순수한 주님에다가 나의 열심과 나의 수고와 나의 지식과 내 의가 들어가니까 종교 괴물이 나오는 거예요.

그래서 저는 하나님 방법으로만 하라고 계속 여러분을 밀고 있는 거예요. 사람의 불순물을 계속 빼고 있는 거예요. 만약 찌개를 맛있게 끓였는데, 거기에 오물이 조금이라도 들어가면, 먹을 수 있을까요? 없을까요? 당연히 먹을 수 없죠.

하나님의 말씀이 순수하게 하나님의 말씀이어야 하는데, 거기에 인간적인 자기의 철학, 신학, 이념, 신념, 지식, 개념, 체험, 경험 들이 섞이게 되면, 결국 순수한 신앙을 잃게 되고 그걸로 인해 하나님의 진노가 임한다는 거예요.

그런데 사람들은 자신의 철학과 자기의 체험과 경험에 너무 매여 그게 자기한테는 전부가 된 거야. 이건 아니거든요. 우주 만물을 창조하신 하나님은 그렇게 단순하고 시시하지 않아요. 결론은 우리가 순수하고, 유일하고, 거룩하고, 깨끗하고, 신실한 은혜로 깊이 가다 보면, 나중엔 주님께서 점도 없고, 흠도 없고, 주님이 기뻐하시고, 오직 주님만 남는 신앙으로 우리를 변화시켜 주신다는 얘기예요. 그래서 예수님은 "내게 배우라!"고 말씀하셨나 봐요. 우리의 멍에는 쉬워지고, 우리의 짐은 가볍게 될 테니까요.

"나는 마음이 온유하고 겸손하니 나의 멍에를 메고 내게 배우라 그리하면 너희 마음이 쉼을 얻으리니 이는 내 멍에는 쉽고 내 짐은 가벼움이라 하시니라"(마 11:29-30)

○ 오직 주님만으로

너는 내 안에 있어,
나만 바라보고 있었잖아
너는 늘 내 안에서
어디 나갈 줄도 몰랐잖아
그동안 나만 사랑했지…

나를 잠시라도 떠나면
너는 항상 힘들어했어
너는 내 임재 안에 있는 것이
세상에서 가장 편하다고 했지….

주님 안에 '들어왔다, 나갔다'를 반복하다 보면, 나중에 깨닫게 돼요. 그렇지만 깨닫기까지 얼마나 삶의 풍파가 많겠어요. 그런데 어쨌든 주님 안에 이렇게 들어와 있고, 들어온 사람이 많지 않으니까 너무 사랑스러운 거예요. "이젠 알았구나! 이제는 깨달았구나! 네가 눈치챘어! 어디가 좋은지, 어느 것이 생명인지, 어느 것이 귀한지 이제 네가 눈치챘어! 그러니까 이제는 꼼짝 마!"라고 말씀하시는 거예요. 항상 주님이 지켜 주시고, 안아 주시고, 업어 주시고, 품어 주시고, 사랑으로 늘 지켜 보호해 주세요. 이런 삶을 살다 보니까 그냥 사람이 주님 안에서 녹아내리는 거예요.

바라는 것도 없고, 원하는 것도 없고, 세상에 좋은 것도 귀한 것도 없어요. 우리는 그냥 주님 얘기만 해도 가슴이 두근거려요. 혹시 두근거리지 않더라도 너무 염려하지 마세요. 가슴에 뭔가 느껴지는 게 있으면 돼요.
 예수님 생각하고, 예수님이 오신다는 말씀만으로도 가슴으로 알아듣는 무언의 메시지 같은 게 있잖아요. 그죠? 너무 좋아요.

그렇게 살다 보니 이제는 다른 건 안 바라보죠. 왜냐하면, 여기가 너무 좋으니까! 이게 너무너무 행복하니까! 그래서 여기에서 다른 게 섞이면 안 되는 거예요.

> "바위 틈 낭떠러지 은밀한 곳에 있는 나의 비둘기야 내가 네 얼굴을 보게 하라 네 소리를 듣게 하라 네 소리는 부드럽고 네 얼굴은 아름답구나"(아 2:14)

○ **주님의 시선으로**

베드로는 참으로 특별한 보통 사람이에요. 그런데 베드로는 승리한 사람이에요. 결과는 베드로가 잘한 게 아니에요. 베드로가 주는 그리스도시요, 살아 계신 하나님의 아들이라고 고백했을 때, 예수님이 베드로에게 음부의 권세가 이기지 못할 거라고 말씀하셨어요(마 16:18). 그러니까 주님이 얘기하시고, 약속하시고, 명령하셨기 때문에 음부의 권세가 베드로를 이길 수 없었던 거예요.

베드로가 세 번이나 예수님을 부인했지만, 회개했어요. 그것도 베드로의 믿음이 아니에요. 예수님이 베드로의 믿음이 떨어지지 않게 기도하셨다고 하셨어요(눅 22:32). 그러니까 주님이 말씀하시고, 기도해 주신 거예요. 베드로의 믿음이 아니라, 주님의 믿음이에요. 주님이 믿음에서 믿음으로 베드로를 지켜 주신 거예요. 결국은 우리가 붙잡혀 사는 게 은혜예요!

우리가 이 땅에서 주님의 가장 핵심적인 은혜 안에 들어가 주님으로 말미암아 성장하는 데는 엄청난 시간이 걸려요. 그런데 가장 핵심이면서 본질적인 것도 놓치고, 진짜 목적을 향한 방향을 잃어버린 채 이 땅에서 하나님을 얻으려 한다면, 아무것도 될 수 없어요. 무엇도 이룰 수가 없어요. 어떤 것도 주님의 기쁨이 될 수 없어요.

오로지 순수신앙이잖아요. 유일하신 예수님밖에 없잖아요. 기적과 이

적이 일어날 수 있어요. 그러나 그게 다가 아니에요. 그건 하나님이 주신 선물이에요. 왜 주님이 기적과 이적을 주시겠어요? 예수님을 기억하라고! 왜 광야에서 만나를 주셨어요? 하나님만을 기억하라고! 왜 시험과 어려움으로 우리를 훈련하세요? 주님 안으로 들어오라고! 왜 우리가 이 땅에 태어났어요? 하나님 나라에 갈 준비하라고! 이게 바로 주님이 원하시는 거예요.

그런데 사람들은 그것도 모른 채 이게 맞는지, 저게 맞는지 서로 싸워요. 사람이 보기에 바르나, 필경은 사망의 길이 있어요. 자기들이 '맞다'고 해도 하나님이 아니면 아닌 거야. 자기들이 틀렸다고 해도, 하나님이 '맞다'라고 하시면 맞는 거야. 우리는 주님의 시선으로 봐야 해요. 믿음으로 믿음에 이르게 한다는 것은 주님의 시선으로 보라는 얘기예요.

우리가 영원한 곳에 가려면, 영원하고 순수한 하나님의 은혜로 완전히 변화되어야 해요. 우리는 이런 은혜로 준비된 신부이기 때문에 예쁜 신부들이에요. 아름다운 신부들이에요. 사실 우리는 아름다운 게 하나도 없지만 하나님은 모든 게 아름답거든요. 아름다운 걸로 채워지는 순간 우리는 아름다워질 수밖에 없어요. 하나님의 아름다움으로 우리를 내적으로, 외적으로, 영적으로, 육적으로, 모든 삶을 다 채워주시는데 어떻게 아름답지 않을 수가 있겠어요.

우리는 보여요. 우리는 그의 보이지 않은 것들 곧 그의 영원하신 능력과 신성이 보이잖아요.

안 보여도 보이잖아요. 너무 자세히 보이잖아요. 마음에서 보이잖아요. 기도하면서 보잖아요. 말씀에서 보잖아요. 예배드리면서 보잖아요. 찬양하면서 보잖아요. 주님을 생각하다가 너무 많이 보잖아요. 사물을 통해서 보기도 하고, 우주 만물을 통해서 보기도 하고, 삶 속에서 일어나는 일들을 통해서 보기도 해요. 우리는 진짜 주님밖에 안 보여요.

제8장 주님 사랑의 본질

○ 더 가까이 사랑의 주님께로

마음이 주님을 향해 늘 열려 있을 때, 주님이 나를 사랑하시고, 내가 주님을 사랑하고, 내 사랑 주님이 알아주고, 주님 사랑 내가 알아요. 그러니까 신앙생활이 주님 사랑 안에서 너무 행복한 거죠.

예수님에 대해 낱낱이, 자세히, 속속들이 공부하는 것도 중요하지만, 진짜 중요한 건 관계예요. 예수님이 몇 시에 일어나셔서 누구와 함께 어딜 가시고, 몇 시에 누구와 어떤 식사를 하시고, 하루 생활은 어떤 사람들과 어디서, 어떻게, 어떤 일을 하시며 하루를 보내시는지, 취향은 어떻고? 습관은 어떻고? 성격은 어떻고? 이런 것들보다 더 중요한 것은 그분과 동행이며 관계라고 생각해요.

그건 예수님 사랑을 누리는 거예요. 예수님의 사랑을 느끼는 거예요. 예수님의 사랑 안에서 녹는 거예요. 그 사랑에 완전히 흡수되고, 그 사랑에 완전히 잠기는 거예요. 그 사랑으로 완전히 체질화되어 그 사랑으로 살아가는 거예요. 전 이거밖에 몰라요. 남이 다 아는 사랑 말고, 주님과의 관계를 통해 아는 사랑을 말하는 거예요.

진짜는 감춰 두셨어요. 진짜는 심장 안에 있고, 그 사람과의 나눔 속에 있어요. 다 똑같은 얘기를 해요. 다 자기가 진짜라고 말하고, 앵무새처럼 떠들어요. 그러나 자칭 유대인이라고 하나, 실상은 거짓말하는 자들이에요. 진짜는 하나님과 관계가 있는 그 자리, 누구도 얘기해 줄 수 없고 누구도 흉내 낼 수 없고 아무도 알아보지 못하고 아무도 알지 못했던 그 자리, 너무나 초라해 부끄러워 아무도 초대할 수 없었던 그 자리. 주님만 알아주셨던 그 자리, 주님을 만나 주님과 속삭이며 주님과 사랑을 나누었던 그 자리, 항상 주님을 기다리는 그 자리가 있어요.

그러니까 나는 그 사랑의 느낌을 전하고 싶은 거예요. 여러분이 그 사랑의 느낌을 받는 순간, 여러분은 주님을 그냥 사랑할 수밖에 없어요. 주님 앞에 빠져들 수밖에 없어. 사랑의 관계는 사랑하는 사람이 가까이 다가가는 거래요. 예수님은 우리를 너무 사랑하셨기 때문에 목숨을 내어 주시면서까지 우리에게 가까이 오셨잖아요. 아니, 우리 심령 속으로 들어와 버리셨어요.

이젠 우리가 다가갈 차례예요. 더 가까이 가야 그분을 자세히 볼 수 있어요. 세미한 소리조차 들려요, 가까이 다가가야 옷자락이라도 만질 수 있고, 그분에게 안길 수 있고, 그분의 심장 소리도 들을 수 있고, 그 사랑을 느낄 수 있어요! 진짜 사랑으로 가득 찬 분이세요. 결코 부족함이 없는 사랑으로 완전하신 분이에요. 그 사랑 놓치면 아무것도 아닙니다. 그 사랑 모르면 정말 불쌍한 사람이란 것을 알게 될 거예요.

"내가 사람의 방언과 천사의 말을 할지라도 사랑이 없으면 소리 나는 구리와 울리는 꽹과리가 되고"(고전 13:1)

"내가 예언하는 능력이 있어 모든 비밀과 모든 지식을 알고 또 산을 옮길 만한 모든 믿음이 있을지라도 사랑이 없으면 내가 아무 것도 아니요"(고전 13:2)

고린도전서 13장 말씀은 인간의 사랑인 '필레오'(Phileo)가 아니라 신의 사랑, 즉 하나님의 사랑인 '아가페'(Agapē)를 사용하고 있다는 사실이 중요해요.

빌라도의 뜰에서 예수님을 3번이나 부인했던 베드로가 갈릴리 바닷가에서 부활하신 예수님을 만나잖아요. 예수님이 베드로에게 사랑에 관해 3번 물어보세요!
"요한의 아들 시몬아 네가 나를 사랑하느냐" 예수님은 신의 사랑인 '아가페'로 물어보시는데 베드로는 인간의 사랑인 '필레오'로 대답하죠. 예수님은 두 번째도 역시 '아가페'로 물어보시는데 베드로는 역시 '필레오'로 대답해요. 예수님은 세 번째 베드로 눈높이에 맞춰 '필레오'로 물어보시고 베드로 세 번째 역시 '필레오'로 대답해요.

베드로가 하나님의 진정한 사랑을 몰라서 '세 번씩이나 살자고 부인했을까?'하는 생각이 들었어요. 그래서 주께서 성령을 보내시고, 베드로가 성령을 받으니 마지막 순교할 때, 십자가에 거꾸로 달려 죽을 정도의 신앙으로 바뀌었을 거라는 생각을 해 봤어요. 사실 우리 신앙의 승리는 성령 하나님께 달려 있잖아요. 당시 베드로의 무슨 속사정이 있었는지는 모르겠지만 아무튼 베드로의 대답은 여전히 인간적 사랑이었어요.

하지만 사랑의 사도로 불린 사도 요한의 경우는 달라요. 요한이란 이름 자체가 '첫째 계명을 지키는 자'예요. 예수님 사랑의 사도란 말이죠. 사도 요한의 요한복음, 요한 일이삼서는 이름만큼이나 모두가 신의 사랑인 '아가페'로 기록되어 있어요. 그렇다고 요한이 신이 아닌 이상 신의 사랑을 할 수는 없겠죠. 사람 중에 예수님의 사랑을 가장 많이 받고, 그 사랑에 가장 많이 반응한 사람이 아마 요한이지 않을까 싶어요. 제 생각에는요.

사랑이란 단어가 제일 많이 나오는 성경이 아가서예요. 아가서의 짧은 8장 중에 '사랑'이란 단어가 무려 64번이나 기록되어 있어요. 그다음이 사랑의 사도로 불리는 사도 요한의 글에 '사랑'이 54번 기록되어 있고요. 예수님을 가장 가까이에서 관계해 온 사도 요한이 나이가 제일 어리기도 했지만, 예수님의 사랑을 제대로 알게 돼서 그런지 다른 제자들과 다른 삶을 살게 된 건 사실이죠. 사도 요한만 순교하지 않았고 자연사하게 되죠. 사복음서 중 예수님에 대해 가장 심도 있게 다룬 성경이 요한복음이고, 또 요한 일이삼서와 요한계시록이잖아요.

사랑에 대해 주목해 볼 만한 곳이 바로 고린도전서 13장 말씀이에요. 고린도전서 13장 1절에만 사랑이란 단어가 8번 기록되어 있어요. 모두 '아가페' 사랑이죠.

고린도 13장을 보면 하나님의 사랑이 없이도 방언하고, 천사의 말을 하고, 예언의 능력이 나타나고, 태산을 옮길 만한 믿음도 있다는 사실이 놀라울 뿐이죠! 그뿐만이 아니라 하나님의 사랑이 없이도 자기가 가지고 있는 모든 가산을 다 구제로 내어 주고, 온몸을 불살라 내어 준다는 사실에 대해 깊이 생각할 필요를 느끼게 해요.

무슨 말씀일까요? 오늘날 교회들의 모습을 깊이 생각해 보자는 거지요. 하나님의 사랑 없이도 신앙생활하고, 방언하고, 예언하고, 천사의 말도 하고, 믿음으로 태산도 옮기고, 가산을 다 팔아 구제하고, 온몸을 불살라 내어 줄 수 있다는 이야깁니다. 나무의 뿌리가 근본적인 생명에 놓여 있지 않은데 정상적인 신앙이 나오겠으며, 정상적인 거룩한 열매가 나오겠냐 하는 말입니다.

내가 거룩하니 너희도 거룩하라 하셨는데 거룩은 고사하고 인본적 타락으로 오늘날 교회의 다원종교주의, 혼합주의 신앙으로 변질된 모습들이 이 사실과 전혀 무관하지 않을 것입니다. 결국 예수님의 이름이 예나 지금이나 모독받고 있는 것이지요.

> "기록된 바와 같이 하나님의 이름이 너희 때문에 이방인 중에서 모독을 받는도다"(롬 2:24)

> "너희는 세상의 소금이니 소금이 만일 그 맛을 잃으면 무엇으로 짜게 하리요 후에는 아무 쓸 데 없어 다만 밖에 버려져 사람에게 밟힐 뿐이니라"(마 5:13)

○ 최고로 높여드려야 할 하나님

이 땅이 현실 같지만, 사실 따지고 보면 우리가 사는 이 세상이 꿈같은 곳이에요. 여기가 꿈의 세상이란 말이에요. 꿈이란? 사전적 의미로 '현실과 동떨어진 허망한 세계'를 말해요. 성경은 우리가 살고 있는 이 현실이 언젠가 옷과 같이 낡아서 없어질 세상이라고 말하고 있어요. 또한 전도자가 말하기를 "헛되고 헛되며 헛되고 헛되니 모든 것이 헛되도다"(전 1:2)라고 했어요. 무슨 말이에요?

여기가 꿈이고, 우리가 돌아갈 본향인 천국이 현실이고, 지금도 지옥에서 고통당하고 있는 영혼들이 현실에 살고 있다는 이야기예요. 만일 지옥에 있는 사람들이 꿈이면 얼마나 좋겠어요. 꿈에서 깨어나듯 다시 깨어나면 얼마나 좋겠어요. 그런데 그럴 수 없어요. 왜냐면 거기가 지극히 영원한 현실 세계니까요. 그런데 우리는 지금 꿈과 같은 거짓 된 현실 세계에서 너무 많은 것을 소모하며 살아가고 있어요. 하나님 앞에 합당치 못한 삶을 산다는 것이 얼마나 어리석고 불행한 삶인지 이게 바로 비극이에요.

언젠가 반드시 옷과 같이 낡아서 없어질 꿈같은 거짓 된 현실에서 영혼까지 투자하며 사는 잘못된 삶에서 모두 벗어났으면 좋겠어요. 하나님 앞 심판대에서 모두가 자기의 죄악들을 직고(直告)할 때, 하나님을 거스르고 살았던 삶에 대한 책임이 얼마나 애통하고 비통하게 될지 생각할수록 마음만 아플 뿐입니다.

그래서 성경은 "이 세상이나 세상에 있는 것들을 사랑치 말라. 누구든지 세상을 사랑하면 아버지의 사랑이 그 속에 있지 아니하니, 이는 세상에 있는 모든 것이 육신의 정욕과 안목의 정욕과 이생의 자랑이니 다 아버지께로부터 온 것이 아니요. 세상으로부터 온 것이라."(요일 2:16)라고 말씀하세요.

세상과 벗이 되는 것이 하나님과 원수 되는 거예요. 하나님을 떠나는 것이 저주고, 멸망이고, 죽음이고, 형벌이고, 심판이고, 재앙이에요. 우리가 모두 복 받길 원하고, 장수하길 원하고, 행복하길 원하잖아요. 하나님은 만물을 통해서 하나님의 영원하신 능력과 신성을 분명히 보여 알게 하셨어요. 그런데 사람들은 하나님을 안다고 하지만, 하나님으로 영화롭게도 않고, 감사하지도 않아요. 하나님을 안다고 하지만, 사실은 잘 모르는 거죠. 제대로 하나님을 안다면, 감사하고, 영광을 돌려야 하는데, 감사하지도 않고, 영광도 돌리지 않았다는 것은 하나님을 잘 모른다는 것을 의미해요.

그리고 하나님께 영광도 돌리지 않고, 감사하지도 않다 보니, 생각이 허망해지고, 미련한 마음이 어두워지게 돼요. 그래서 스스로 지혜롭다고 하지만, 사실은 우둔하게 되어 썩어지지 아니할 하나님의 영광을 사람과 금수와 버러지 형상으로 바꿔 버려요. 나중에는 거짓을 진리로, 진리를 거짓으로 바꿔 버려요. 어둠으로 광명을 삼고, 광명으로 어둠을 삼아요. 선으로 악을, 악으로 선을 삼아요(사 5:20). 이게 굉장히 무서운 거예요.

이렇게 되면, 피조물을 조물주보다 더 경배하게 돼요. 사단이 자기 보좌를 하나님의 보좌보다 높이려고 했잖아요. 그게 사단의 정체잖아요. 지금도 그런 거예요. 창조주를 피조물 아래에 두는 거예요. 이게 저주예요. 이게 지옥이에요. 이게 죽을 수밖에 없는, 형벌을 받을 수밖에 없는, 심판을 받을 수밖에 없는 끔찍한 멸망이에요! 멸망!

○ 한 번 주님과 사랑에 빠지면

성경은 "나의 영혼아 잠잠히 하나님만 바라라 무릇 나의 소망이 그로부터 나오는도다"(시 62:5)라고 하세요. 시편 1편은 종일토록 주를 묵상하며 찬송하라고 하세요. 여호와를 항상 송축하라고 하세요. 우리가 주님을 찬양하고, 주님을 계속 송축하고, 주님 앞에 영광 올려드려요. 왜? 받은바 은혜가 크니까. 죽을 수밖에 없는 우리를 살려 주셨잖아요. 저주에서 축복의 자리로 옮겨 주셨잖아요. 지옥에서 영원하고, 가장 아름답고, 최고 영광으로 옮겨 주셨잖아요. 가 봐야 알아요? 아니죠. 이미 몸속에, 우리 심령 가운데 임하셨잖아요.

또 성경은 전심으로 하나님을 찾으면 하나님을 만난다고 하세요. 하나님을 사랑하는 자들이 하나님의 사랑을 입고, 하나님을 간절히 찾는 자가 하나님을 만난다고 말씀하세요(잠 8:17). 하나님께 부르짖으면, 하나님이 응답하시고, 우리가 알지 못하는 크고 비밀스러운 일을 보여 주신다고 하세요.

옛날엔 이 크고 비밀스러운 것이 무엇인지 무척 궁금했거든요. 그런데 이젠 다 필요 없어요. 이제 예수님에 대한 더 깊은 것을 더 누리고 싶고, 느끼고 싶어! 그 사랑에 감동하고 싶어! 그 사랑이 완전히 녹아 버리면 좋겠어! 그 사랑에 미쳐버렸으면 좋겠어! 그냥 그 사랑만 눈으로 보이고, 귀로 듣고, 마음으로 깨닫고 싶어! 그 사랑에 취하고 싶어. 그 사랑에 병이 나고 싶어!

"너희는 건포도로 내 힘을 돕고 사과로 나를 시원하게 하라 내가 사랑하므로 병이 났음이니라"(아 2:5)

저는 핵심만 알려드리는 거예요. 여러분이 도달해야 하는 기준을 정해 드리는 거예요. 그런데 아직 도달하지 못했어도 괜찮아요. 한 번에 도달할 수 있는 건 아니에요. 너무 빨리 도달해도 위험해요. 차츰차츰 완만하게 도달해야 해요. 너무 철들라는 얘기가 아니에요. 그냥 어린아이처럼 순수해 보라는 거예요. 그냥 예수님 없으면 못 살 것처럼 살라는 얘기예요. 여러분에게 뭘 요구하는 게 아니에요. 어려운 게 아니에요. 무거운 게 아니에요. 힘든 게 아니에요. 먼 게 아니에요. 예수님에 대해서 낱낱이, 속속들이 알라는 게 아니에요.

"내가 하나님의 열심으로 너희를 위하여 열심 내노니 내가 너희를 정결한 처녀로 한 남편인 그리스도께 중매함이로다"(고후 11:2)

○ 영혼의 뜨거운 열정

"여호와께서 집을 세우지 아니하시면 세우는 자의 수고가 헛되며 여호와께서 성을 지키지 아니하시면 파수꾼의 깨어 있음이 헛되도다"(시 127:1)

"너희가 일찍이 일어나고 늦게 누우며 수고의 떡을 먹음이 헛되도다 그러므로 여호와께서 그의 사랑하시는 자에게는 잠을 주시는도다"(시 127:2)

우리가 아침부터 저녁까지 눕고 일어나서 먹고 마시며 수고하는 모든 것들이 하나님께서 지켜 주시지 않으면 아무 의미가 없어요. 우리는 죽음 뒤의 심판을 통해서 결국 아름다운 하나님의 영광으로 옮겨지겠죠. 그러나 그렇게 되기까지 이 땅에서 사는 동안 목숨을 다해 주 여호와 하나님을 사랑해야 해요.

그런데 우리는 처음부터 목숨을 다해 사랑하지 않아요. 사랑하고, 사랑의 가치를 조금씩 느끼고, 거기서 나타나는 하나님이 감춰 두신 영원한 천국 영광의 비밀을 알고 나면, 우리는 그렇게 하지 말라고 해도 우리는 점점 빛나서 완만한 광명에 이르고, 단단해지고, 확신이 있고, 힘이 생겨요.

설교도 마찬가지고, 찬양도 마찬가지고, 연설할 때도 마찬가지예요. 이 모든 것이 영혼의 열정에서 나와야 해요. 내가 뜨겁지 않은데 누구를 뜨겁게 하고, 내가 열정이 없는데 누구에게 복음을 전할 수 있겠어요. 내가 생명을 다하지 않는데 누가 내 말을 진실로 알아듣겠어요. 내가 먼저 내 안에서 알고, 깨닫고, 그 가치와 신비와 능력과 힘과 전능하신 하나님의 영원하신 축복과 영광을 다 느낀 후에 얘기해야 듣는 사람도 그렇게 받아들이는 거예요. 찬양도 그렇게 찬양해야 감동이 오고, 발표해도 그렇게 발표해야 듣는 사람의 마음으로 들어오는 거예요.

그리고 열정이 있다면, 이 열정의 대상이 있을 거예요. 이 열정에 이유가 있을 거예요. 전하고자 하는 어떤 뜨거움이 있을 것이고, 그 뜨거움에는 대상이 있을 것이고, 그리고 그 뜨거움에 내용이 있을 거예요. 그런 것들을 내 것으로 만들어 전할 때, 전하는 사람이 최고의 가수가 되기도 하고, 최고의 연설자가 되는 거고, 최고의 설교자가 되는 거예요.

그런 은혜로, 그런 마음으로, 그런 뜨거운 열정으로, 그런 사랑으로 전해야 해요. 그렇지 않으면, 상대방을 녹일 수 없어요.

○ 시작하고 마치시는 하나님

주님이 우리를 너무 많이 참아 주셨어요. 우리를 너무 많이 기다리셨어요. 하나님의 인자하심과 용납하심과 길이 참으심의 풍성함으로 인해 우리가 지켜지는 거예요. 그러니까 우리가 잘해서가 아니라, 우리에게 믿음을 주신 하나님으로 말미암아 사는 거예요. 그래서 하박국도 하나님을 안 후, 오직 의인은 믿음으로 말미암아 산다고 고백한 거예요. 우리도 시간이 지나고 나면 '믿습니다.'가 아닌 '하나님이 믿게 하셨습니다.'라고 고백하게 될 거예요.

우리도 우리의 믿음이 아니라, 하나님의 길이 참으심이, 하나님의 풍성하신 그 은혜가, 하나님의 그 영광이, 하나님의 기다림이, 하나님의 그 용서가, 하나님의 그 인자하심이 우릴 참으시고, 기다려 주시고, 포기하지 않으시고, 사랑해 주시고, 역사하셔서 우리가 이 자리에 있는 거예요.

알파와 오메가라는 말은 이 일을 시작하신 하나님께서 모든 걸 끝까지 다 마치신다는 거예요. 처음에 시작한 일을 마지막까지 마치신다는 거예요. 하나님이 시작하셨으면, 하나님이 마치신다는 뜻이에요. 우리의 신앙도 하나님이 시작하셨으면, 하나님이 마치신다는 거죠. 하나님께서 마치시는 그 자리에 주님이 우릴 붙잡듯 우리도 주님을 그렇게 붙잡고 있으면 되는 거예요.

그러니까 다른 데 힘 빼는 시간을 줄이고, 주님을 붙잡는 일에 시간과 힘을 다 쓰면 되는 거예요. 마음이 온전히 일편단심 주님을 향하시기를 예수님의 이름으로 축복합니다! 일편단심 예수님만 사랑하시길 축복합니다! 이걸 절개신앙이라고 하고 산 순교신앙이라고 하는 거예요.

"그런즉 깨어 있으라 너희는 그 날과 그 시를 알지 못하느니라"(마 25:13)

제9장 믿음으로 말미암은 구원

○ 진노를 쌓는 무지와 어리석음

사도 바울은 율법의 대가였어요. 율법에 능통한 자였고, 율법을 매우 잘 지키는 사람이었어요. 이것저것 다 해 보고, 어느 정점에 이르렀지만, 율법으로는 안 된다는 걸 깨달은 거죠.

율법으로는 죄를 없게 할 수도 없고, 죄의 문제를 해결할 수도 없고, 죄를 안 지을 수가 없다는 것을 알게 된 거예요. 그래도 지켜야 한다고 하니까 굉장히 열심히 지켰던 한 사람이 바로 사도 바울이에요.

그런데 어느 날 사도 바울이 예수님을 만나고, 그 눈에 비늘이 벗겨지니까 자신이 무슨 짓을 했는지, 도대체 자신이 어떻게 살아왔는지 후회와 탄식밖에는 나오지 않았고, 죄책감에 시달릴 수밖에 없었어요. 이게 옳다고, 이게 맞다고, 그것밖에 없다고, 이게 전부라고, 이게 다라고 생각해서 잔인하고, 끔찍한 죄를 하나님 앞에서 저질렀어요.

우리도 '이게 옳아. 이게 맞아. 이게 다야. 이게 진짜야.'라고 믿고, 하나님 안에서 걸러지지 않은 채, 육신의 생각만으로 누군가를 판단한다면, 제2의 사도바울이 되어 끔찍하고, 씻을 수 없고, 후회밖에 나오지 않고,

탄식할 수밖에 없고, 죄책감에 시달릴 수밖에 없는 그런 죄를 범하게 될 거예요. 그러니까 일단 무조건 남을 판단하거나 비판하는 일은 하지 말아야 해요.

남의 눈에 있는 티까지 보지만, 문제는 자기 눈에 들보를 보지 못해요. 그런데 그런 눈으로 남을 비판하고, 판단한다? 과연 이게 옳은 비판이고, 판단일까요? 그리고 판단이나 비판 자체가 잘못된 거예요. 하나님께 복을 받길 원하면, 입술을 지키고, 입에 파수꾼을 두어야 해요(시 141:3). 그리고 우리가 말한 대로 하나님이 갚아 준다고 하세요. 비판하면서 동일한 죄를 행하는 사람이 하나님의 진노를 피할 수 있을까요? 아니요! 오히려 진노를 쌓는다고 말씀하고 있어요.

신앙의 본질을 벗어났을 때 나타나는 현상이 지금 말하는 판단이나 비판 그리고 로마서 1장에 나오는 불의, 추악, 탐욕, 악의, 시기, 살인, 분쟁, 사기, 악독, 수군수군하는 것, 비방, 능욕, 교만, 자랑, 악을 도모하는 것, 부모를 거역하는 것, 우매, 배약, 무정, 무자비예요. 이 모든 것들은 하나의 현상이에요. 이거는 우리가 없앨 수 없어요. 만약 이것들을 우리가 없앨 수 있다면, 굳이 예수님이 오셔서 십자가의 고난과 저주를 받을 필요가 없었을 거예요.

심지어 우리는 율법도 못 지켰는데, 예수님은 다른 사람을 미워하면 살인이래요. 그리고 누군가를 마음에 품으면, 이게 간음죄라고 하세요. 또 훔치진 않았지만, 남의 물건을 욕심만 내도 절도죄라고 하는 거예요. 생각해 보세요. 현상으로 나타나는 것들도 못 지키는데, 어떻게 마음을 지켜요? 이 정도가 되니까 질려 버려요. 나는 아무것도 할 수 없다는 그런 현실 속에서 질려 버리는 거예요.

그런데 하나님의 심판이 더디므로 우리가 죄를 짓는데 너무 담대해져서 쉽게 죄를 짓고 있어요.

만약 죄를 눈으로 볼 수 있다면 어떻게 될까요? 우리는 살려달라고 할 수 없어요. 나는 사람이 아니라고 하며, 죽여달라고 할 거예요. '나는 백성의 훼방거리고, 사람의 조롱거리고, 벌레요, 구더기'(시 22:6)라고 고백하게 될 거예요.

비록 죄악들이 보이지 않지만, 그 죄악이 얼마나 넘치는지 이루 말할 수가 없어요. 이런 사람들이 어떻게 남을 판단하고, 비판해요? 하나님도 알지 못하는 사람이 왜 자기 시선으로, 자기의 잣대로, 자기의 개념으로, 자기의 생각으로, 자기의 상식으로 남을 판단하냐는 거예요.

우리는 눈을 떠서 자기 위해 눈을 감기까지, 듣는 거, 보는 거, 생각하는 거, 마음으로 품는 거, 입술로 말하는 것 전부가 죄악이에요. 얼마나 죄악이 관영하면, 하나님이 용서해 주시는데 하루에 일흔 번씩 일곱 번이라도 용서하라고 하셨을까요. 그렇다면 우리가 죄를 짓는 데 문자적으로도 하루에 490번의 죄를 지을 수 있다는 거예요.

○ 주님과 하나가 되면

그런데 진짜 죄 중의 죄는 하나님과 나 사이의 바르지 못한 관계가 정말 무서운 영적인 죄예요. 이 죄를 없애려면, 하나님을 사랑해야 하는 거죠. 모든 죄악을 용서해 주시는 하나님을 사랑하는 거예요. 우리가 뭔가 해결할 수 있다는 그런 생각에서 벗어나야 해요. 이걸 해결해 주실 수 있는 분은 오직 예수님밖에 없다는 것을 알아야 해요. 육신의 죄야 교도소에 가서 그냥 몸으로 때우고 와도 되지만, 영적인 죄악의 무게는 너무나도 무거워 지옥으로 들어가야 하는 거예요.

내가 큰 빚을 졌는데, 누군가 빚을 탕감해 준다면, 어떤 마음이 들겠어요? 너무나도 고맙겠죠. 너무 감사하겠죠. 일평생 두고두고 갚으려고 할 거예요. 그런데 환산할 수도, 계산할 수도 없는 큰 죄의 빚을 주님이 다 갚아 주셨단 말이에요. 죽음에서 하나님의 생명으로 옮겨 주셨어요.

이제 우리는 예수님께로 가서 우리의 힘과 시간을 다 써야 해요. 우리의 마음을 다하고, 목숨을 다하고, 뜻을 다하고, 정성을 다하고, 지혜를 다해서 하나님을 사랑해야 해요. 그럴 가치가 있으신 분이에요. 이 모든 것을 받으시기에 충분하신 분이에요. 영광과 찬양과 우리의 모든 삶을 받으시기에 너무 합당하신 분이에요. 살아서 역사하시고, 영원하신 예수 그리스도로 우리가 충만하다면, 우리는 된 거예요. 충만하지 않으니까, 계속 충만하라고 얘기하는 거죠. 너무 단순해요. 너무 간단해요. 너무너무 순수해요. 이건 힘들거나, 어려운 게 아니에요.

너무 쉬운데, 사람들이 너무 어렵게 생각해요. 그러니까 예수님 안에 들어가면, 그분이 알아서 우리로 실족하지 않게 하실 거예요. 우리 모든 것을 주님께 맡기면, 주님이 알아서 하실 거예요. 모든 걸 주님께 맡기고 나면, 주님과의 관계가 깊어지고 세상일에는 관심도 없어지고 주님과의 관계 속에서 동에서 서가 먼 것처럼 주님이 우리 죄를 멀게 하세요. 그리고 우리가 죄를 지을 수 있는 환경을 만들지 않으시고 죄를 지을 상황이 되면, 회개할 마음을 주셔서 죄를 씻겨 주세요.

그러니까 죄의 문제를 육신에서 열심을 가지고 해결할 게 아니라, 그분과 나와의 관계에서 해결해야 하는 거예요. 그러니까 순수하게 주님만 바라보고, 주님 앞에 그렇게 나아가야 하는 거예요. 주님과의 관계가 형성되고, 주님의 사랑 가운데 온전히 머물러 있어야 하는 거예요. 주님과의 나와의 그런 정말 복된 즐거움과 기쁨의 관계가 형성되어야 하는 거예요. 그래서 그분 한 분으로 충만해야 하는 거예요.

그런데 사람들은 저것도 잘해야 하고, 이것도 잘해야 한다고 생각해요. 만약 한쪽에만 더 집중하고, 한쪽에만 더 빠지고, 한쪽으로 우리가 더 깊이 들어갔다면, 우리는 정말 영의 문제만 아니라, 육의 문제도 해결되었을 거예요. 그런데 영의 문제는 해결하지 않은 채, 육에서만 해결하려고 하니까, 영도 잃어버리고, 육도 잃어버리는 거예요. 어느 것도 정함이 없었던 거죠. 그런데 하나님 편에 온전히 서서 주님과 완전히 하나가 되면, 하나님과의 관계도 지키고, 영적인 것도 지키고, 육적인 것도 지키고, 우리 생각하고 기도하는 것의 많은 것들이 하나님 앞에 이루어지고 지켜졌을 거예요. 그야말로 천국의 삶을 이 땅에서 사는 거야.

그런데 마음이 나뉘어 버렸어. 마음이 나뉘지면 안 돼. 오직 예수님 한 분이어야만 해. 천하에 구원받을 만한 이름은 예수님 한 분밖에 없고, 그분이 길이요, 진리요, 생명이에요. 그로 말미암지 않고는 천국에 들어갈 수 없어요.

저는요 나무를 통해서 은혜를 많이 받아요. 나무는 심으면, 가만히 있어요. 그리고 나무는 자라요. 그 자리에서 계속 자라요. 자라서 그늘을 만들고, 열매를 맺어서 사람들에게 유익도 주고, 그리고 새들이 와서 깃들이고, 사람들이 그걸 잘라서 재목으로 써요. 나무는 심은 그 자리에 있고, 움직이지 않지만, 사람들한테 엄청 이익을 줘요.

그런데 사람들은 너무 많이 움직여요. 그러면서도 열매도 맺지 못하고, 유익도 끼치지 못하고, 사람들에게 덕도 되지 않아요. 이게 너무너무 안타까워요. 우리가 하나님 은혜에만 있었더라면, 하나님이 벌써 성령으로 입혀 주시고, 말하는 것이 땅에 떨어지지 않게 하시고, 어딜 가더라도 사랑받게 하시고, 어딜 가도 귀한 존재가 되게 하셨을 거예요. 그들의 말은 영혼을 울리고, 듣는 사람은 하나님을 바라보게 되었을 거예요.

성경은 '사람이 할 수 없는 것을 하나님이 하시고, 율법이 육신으로 말미암아 연약하여 할 수 없는 그것을 하나님이 하신다'(롬 8:3)고 말하고 있어요. 결국 '우리가 할 수 없다'라는 게 결론이죠.

○ 알려 주시는 하나님

우리가 하나님의 기준과 판단을 다 알 수는 없어요. 하나님이 알려 주시는 만큼만 알 수 있어요. 하나님의 영은 하나님의 깊은 것이라도 통달하신다고 했으니, 하나님의 영이 알려 주시는 만큼만 알 수 있어요.

하나님 세상을 이처럼 사랑하사 독생자 예수님 주셨어요. 여기서 '이처럼'이란 내가 깨닫는 만큼을 뜻한다고 저는 생각해요. 우리 하나님은 어마어마한 복을 주셨지만, 우리가 깨닫는 만큼만 내 것이 돼요. 당연히 부어 주셔야지 받는 거예요. 그럼, 누구에게 주세요? 달라는 자에게 주세요. 구하고 찾는 자에게 주세요. 침노하는 자에게 주세요. 천국은 침노하는 자의 것이니까요!

○ 하나님과 일치되는 생각

그런 생각을 해 봤어요. 하나님은 에덴동산에 아담과 하와를 벌거벗겨 놓았어요. 그런데 아담과 하와는 벌거벗은 것이 부끄럽다는 것을 알았을까요? 몰랐을까요? 모르죠! 그건 부끄러운 게 아니었어요. 부끄럽게 하시는 하나님이 아니시고, 부끄러움에 두시지 않는 하나님이신데, 아담과 하와를 에덴동산에 벗겨 놓으셨어요. 만약 우리는 부끄럽다고 생각하는데 하나님은 그게 부끄러운 게 아니라고 하신다면, 우리는 하나님이 하시는 일들을 우리의 생각과 인본주의 상식의 틀에 넣은 거예요. 하나님이 부끄럽게 하시지 않았는데, 우리는 부끄러워한다는 것은 하나님의 생각과 우리 생각이 이렇게 다르다는 걸 의미해요.

하나님이 만드신 창조의 아름다움과 거룩함, 우리가 알지 못하는 하나님의 비밀스러운 것들 그리고 우리가 도저히 상상할 수도 없고, 생각할 수도 없고, 예측할 수도 없는 그런 하나님의 영적인 부분과 하나님의 뜻을 하나님이 우리에게 알게 하시는 거예요. 왜냐면 우리가 하나님의 뜻을 알지 못하면, 하나님이 하시는 것이 미련하게 보이거든요.

왜? 육신을 좇는 사람은 영적인 하나님이 하시는 일이 미련하게 보인다고 말씀하셨거든요.

육신의 생각은 하나님의 뜻에 굴복하지 않을 뿐 아니라, 할 수도 없어요. 그러니까 하나님의 뜻으로 이해하면, 인간적으로 생각했던 모든 것들이 오히려 부끄러울 텐데, 하나님의 뜻을 알지 못하니까 하나님의 뜻과 하시는 일들을 부끄럽게 생각하는 거예요. 그러니까 하나님의 뜻에 굴복하지 않을 뿐 아니라, 할 수도 없고, 하나님이 하시는 것이 미련하게 보이고, 하나님이 하시는 것을 깨닫지도 못해요. 이런 것은 영적으로만 분별할 수 있어요(고전 2:14).

하나님 생각과 우리 생각이 달라요. 하나님의 길과 우리 길이 달라요. 당연히 하나님이 하시는 일과 우리가 하는 일이 다르겠죠. 그런데 진짜 죄는 하나님과 사람의 바르지 못한 관계에 있거든요. 인간과 인간의 잘못된 관계를 죄라고 하지만, 본질적이고 영혼을 살리기도 하고 죽이기도 하는 진짜 영적인 죄는 하나님과 우리 사이의 바르지 못한 관계예요.

그럼 우리는 신앙생활을 통해 자기 자신을 부인하고, 십자가를 지라는 애기는 뭘까요? 그 속에서 하나님을 아는 지식을 얻을 수 있는 연단을 받으라는 애기예요. 연단이나, 내려놓는 거나, 시험받는 거를 두려워하면 안 돼요. 왜냐하면, 우리는 육신으로 태어나서, 철저히 육신으로 배워서, 육신의 삶을 살기 때문에 육신의 일은 가르쳐 주지 않아도 너무너무 잘 알아요.

그러니까 서두에 얘기한 대로 하나님은 에덴동산에 벌거벗은 몸으로 살게 하셨는데, 우리는 그 모습을 보면서 손가락질하며 잘못됐다고, 부끄럽다고 말하는 거예요. 그러나 주님 앞에서는 주님의 생각과 우리의 생각이 일치되고, 주님의 계획과 섭리와 뜻과 주님이 하시는 모든 일들이 우리 것과 일치가 돼야 해요. 이 하나가 되는 훈련을 하려면, 결국 자신을 부인해야 하고, 부인하기 위해서는 십자가를 져야 하고, 그만큼 연단의 시간이 필요하고, 그러고 나서 주님을 따라가게 되는 거예요.

"이에 예수께서 제자들에게 이르시되 누구든지 나를 따라오려거든 자기를 부인하고 자기 십자가를 지고 나를 따를 것이니라"(마 16:24)

하나님을 따르려면 자신의 모든 것에 대해 부인해야 하나님을 온전히 따를 수 있게 되는데, 여기서 자기 부인이란? 헬라어 '아팔레오마이'로 '거절하다, 삭제하다, 지우다, 없애다' 같은 뜻이에요. 하나님 앞에서 인간의 생각이나 지식, 철학, 신학, 아는 것, 개념, 신념 등을 나타내지 않는 것이지요. 그래야 하나님의 어떤 요구에도 따지지 않고, 불평하지 않고, 원망하지 않고 순종할 수 있게 되니까요.

○ 주님 밖에선 좋은 것도 악함

죄가 더한 곳에 은혜가 넘쳐요. 죄를 통해서 은혜를 깨닫게 돼요. 그러니까 우리는 주님 안에 들어가서 주님을 부르며 나는 이거밖에 안 된다고 고백해야 하는 거예요. 그리고 주님을 붙잡고, 마음의 느낌을 붙잡고 계속 훈련하는 거예요.

"난 아무것도 아니야! 나는 아무것도 아니에요! 저는 정말 아무것도 아니에요! 저는 주님 없이 살 수 없어요! 주님이 절 도와주시고, 주님이 저를 지켜 주시고, 주님이 절 보호해 주세요! 내가 비판하고 판단할 사람은 아예 안 보이게 해 주세요!" 모든 일에 나타나시는 건 결국 주님이어야만 해요. 왜냐하면, 아픈 이유는 주님을 의지하라는 뜻이고, 여러 문제가 발생하는 이유도 주님께로 향하라는 거고, 기도는 응답이 목적이 아니라 예수 그리스도를 아는 게 목적이니까요. 그러니까 항상 우리의 모든 삶은 예수님 안으로 들어가는 거예요. 그렇다면 나쁜 것도 좋은 것이 돼요. 만약 주님의 통치가 없고, 다스림도 없고, 주님과의 관계와 사랑이 안 되면 좋은 것도 나쁜 거예요. 착한 것도 악한 거고, 선하다고 해도 선한 게 절대로 아니에요.

내가 삶을 통제하고, 마음을 다스리는 에너지와 시간을 오직 주님과의 관계에 쏟아야 해요.
여기서(주님과의 관계에서) 점점 빛나서 원만한 광명에 이르라는 얘기예요. 여기서 더 성숙하고, 성장해서 성화가 되라는 얘기예요. 시간은 많이 걸리겠죠.

스스로 마인드 컨트롤(mind-control)하며 착한 사람 되려고 노력하고, 속세를 떠나 골방에 들어가 살아도 안 돼요. 다시 나오는 순간 결국 예전 모습을 그대로 가지고 나올 거예요. 이물질이 잠잠하게 가라앉아서 보이지 않을 뿐이지 그게 없어진 건 아니에요. 그러나 주님 앞에 가면, 죄에서 멀어지게 하시거나, 죄를 없애 버리시거나, 회개할 수 있는 은총을 부어 주시거나, 아니면 그 문제를 해결해 버리세요.

그래서 하나님으로 즐거움으로 삼고, 하나님을 기뻐하는 사람의 발길은 형통한 거예요. 넘어지지 않아요. 하나님이 그 삶을 지켜 주세요. 그분이 우리 발의 등이요, 우리 길의 빛이 되어 주세요. 우리의 행사를 모두 주님에게 맡겨 버리면 되는 거예요. 그러면서 우리의 판단은 자꾸 줄어들고, 우리는 주님 앞에 엎드러지고, 더 비우게 되고, 주님의 거룩함을 발견하게 돼요.

남을 판단하는 판단은 결국 자신을 더 판단하게 되고, 변화시키고 성숙한 신앙인으로 만들죠!

제10장 참된 목적이 있는 삶

○ 주의 길을 모르고 열심히 사는 삶

1. "참고 선을 행하여 영광과 존귀와 썩지 아니함을 구하는 자에게는 영생으로 하시고"(롬 2:7)

우리는 사상을 바꾸어야 해요. 앞으로 영적인 것과 육적인 것을 계속 얘기할 거예요. 알려 주지 않아도 저절로 알았던 세상적이고 인간적이고 지식적이고 상식적이고 양심적인 삶이 있는 반면에, 영적인 삶이 있어요. 선은 우리가 얘기하는 착하고 의롭고 좋은 사람, 괜찮은 사람, 멋진 사람 이런 게 아니에요. 우리는 하나님의 생각과 하나님의 뜻으로 들어가야 해요. 로마서 2장 7절에 해답이 나와요.

첫 번째, 여기서 말하는 선은 영광, 하나님의 영광, 하나님 안에만 존재하는 무한한 아름다움이에요. 사람이 가까이할 수 없고, 최고로 아름답고 거룩한 빛을 얘기해요.

두 번째, 존귀하신 주님이에요.

세 번째, 썩지 않는 거예요.

그렇다면 우리는 썩지 않는 것과 썩는 것을 구별할 줄 알아야 해요. 그게 바로 진리와 비 진리를 구별하는 거예요. 이게 바로 영과 육을 구별하는 거예요. 이게 하나님의 것과 인간의 것을 구별하는 거예요. 썩지 않을 걸 찾아야 해요. 세상 모든 것은 다 썩게 돼 있고, 다 쇠하게 돼 있고, 옷과 같이 낡고 없어지게 돼 있어요. 그러나 하나님의 것은 하나도 썩는 게 없고, 없어지는 게 없고, 낡아지는 게 없고, 변하는 게 없어 완전하기 때문에 영원한 거예요. 그런데 그걸 우리가 분별할 줄 알아야 해요.

예수님이 우리의 잘못된 버릇 고치려고 이 땅에 오신 게 아니에요. 우리를 좀 더 인간답게 만들려고 오신 게 아니에요. 거룩하신 주님은 육신의 삶의 의로운 변화를 위하여 십자가를 지신 게 아니에요. 그런 것들은 저절로 되는 거예요. 우리가 주님의 영광에 온전히 사로잡힌다면, 아니 천국의 그 기쁨을 맛만 보아도 썩어지지 않는 게 어떤 건지 알 수 있어요.

그래서 하나님 나라에 올라갈 때는 다른 거 안 가져가요. 세상에 있는 거 하나도 가져갈 게 없어요. 예수님 앞에 드렸던 영광, 하나님 앞에 기록되는 카이로스의 시간, 하나님의 책에 기록되는 마음과 영적인 삶, 하나님이 기뻐하시는 신앙생활을 가지고 가는 거예요. 하나님께 찬양과 감사와 예배를 드렸던, 하나님 앞에 우리의 마음을 드렸던, 우리의 중심을 드렸던, 하나님의 기쁨이 되었던, 하나님과의 관계 속에서 살아왔던, 하나님과 사랑을 누려왔던 그 시간을 가지고 가는 거예요. 우리는 그 믿음으로 바라보는 거예요. 이거는 그냥 믿는 거예요.

2. "오직 당을 지어 진리를 좇지 아니하고 불의를 좇는 자에게는 노와 분으로 하시리라"(롬 2:8)

결국 선을 알지 못하면, 자기가 아무리 열심히 했어도 하나님과 관계없는 의를 행하는 거예요. 그래서 좋은 일 많이 하려고 하지 말고, 죄짓지 말라고 하신 거예요. 하나님의 생각과 우리의 생각은 이렇게 틀리고, 하나님의 길과 우리의 길이 이렇게 다른데, 만일 사람의 판단으로 우리가 최선을 다한다면, 에베소 교회처럼 첫사랑 잃어버리게 될 거예요. 그럼, 다 끝나는 거예요.

그런 사람들은 진리를 쫓지 않게 되는 거죠. 이 사람들이 일부러 당을 지어서 불의를 행하고, 불법을 행하는 게 아니에요. 열심히 하려고 했는데, 하나님이 지식을 좇는 게 아니라 자기의 지식을 세웠고, 의롭게 살려고 했는데, 하나님의 의를 나타내는 게 아니라 자기 의를 나타낸 거예요.

그러니까 우리는 그냥 가만히 있어야 해요. 가만히 있어 하나님의 하나님 됨을 알아야 해요. 그런데 가만히 있는 게 하나님을 돕는 거예요. 그냥 주님 앞에서 주님을 알 때까지, 선하심을 맛보고 그 맛본 것이 나의 삶이 될 때까지 우리는 가만히 주님 앞에 있는 게 주님을 도와드리는 거예요.

처음부터 불의를 행하려고 했던 게 아니에요. 지옥 불에 들어가려고 했던 게 아니에요. 천국 문은 닫고, 지옥문을 열려고 의도한 게 아니었어요. 사도 바울도 마찬가지예요. 사도 바울은 자기의 의로 그렇게 열심히 했는데, 그게 사망이었고, 죄였고, 악이었어요. 이게 바뀌어야 해요. 잘못 낀 단추는 결국 다 풀어서 처음부터 다시 끼워야 하는 거예요. 결국 진리를 좇지 않았던 거예요.

예수님께서 내가 길이요, 진리요, 생명이라고 하셨잖아요. 그러니까 길과 진리와 생명 되시는 예수님을 좇아가야 하는데, 자기 의를 세우려고 힘쓰다 보니 하나님의 의에 복종하지 않은 거예요. 그러니까 불의한 자예요. 그게 바로 불법이에요.

잘살아 보려고 했던 삶이 결국 진노를 쌓게 된 결과라고 생각해 보세요. 얼마나 기가 막히겠어요. 그러니까 영생은 자신의 의가 아니라 순전히 하나님의 은혜로 말미암은 거지요.

> "화 있을진저 외식하는 서기관들과 바리새인들이여 너희는 교인 한 사람을 얻기 위하여 바다와 육지를 두루 다니다가 생기면 너희보다 배나 더 지옥 자식이 되게 하는도다"(마 23:15)

○ 예수님이 목적이고, 예수님을 아는 것이 전부

하나님은 지식, 권력, 부, 가문 등 여러 조건을 가진 사람을 세우지 않으시고, 별 볼 일 없는 사람을 세우세요. 우리 하나님은 모든 지혜와 모든 능력과 모든 부와 모든 힘과 모든 권능을 다 가지고 계시니까 그런 조건을 가진 사람이 필요하지 않아요. 왜? 사람으로 하여금 자랑하지 못하게 하시려는 거예요. 그리고 세상에 미련한 것들을 택하시고, 세상의 약한 것들을 택하시고, 세상의 천한 것들을 택하시고, 세상에서 멸시받는 것들을 택하시고, 없는 것들을 택하셔서 있는 것들을 폐하려고 하시는 거예요 (고전 1:27, 28).

하나님이 하셔야 한다는 거예요. 사람의 지혜로 하는 게 아니라, 사람의 수단과 방법으로 하는 게 아니라, 사람의 힘과 능력으로 하는 게 아니라 하나님의 능력으로 하는 거예요. 하나님의 미련한 것이 사람보다 지혜롭고, 하나님이 약한 것이 사람보다 강해요. 그래서 십자가의 도가 멸망하는 자들에게는 미련하게 보이나, 구원을 얻는 우리에게는 하나님이 능력이에요(고전 1:18). 정말 너무나 멋지지 않나요? 이 말씀이 너무 은혜가 되고, 힘이 되고, 생명이 되고, 우리가 살아가는 의미가 돼요.

바울이 하나님의 증거를 전할 때, 말과 지혜의 아름다운 것으로 하지 않았다고 했어요. 그러니까 미사여구(美辭麗句)로 전하지 않았다는 거예요. 바울은 예수 그리스도와 그가 십자가에 못 박힌 거 외에는 아무것도 알지 아니하기로 작정했다고 했어요(고전 2:2). 그러니까 바울이 전하는 건 말이 아니에요. 설득하려고 하는 게 아니에요. 이해시키려고 하는 게 아니에요. 가르치려고 하는 게 아니에요. 바울은 그저 예수 그리스도가 십자가에 못 박혀 죽은 거 외에는 아무것도 알지 않기로 작정하자는 거예요.

우리 인생에 있어서 예수님을 아는 것이 최고이고, 그게 전부라는 말이에요. 그게 다라는 얘기예요. 예수님이 시작이요 나중이고, 처음이요 끝이고, 알파와 오메가이고, 생명이자 죽음이고, 창조와 심판이라는 얘기예요. 지식이 아니고, 말이 아니고, 인간의 방법이나 수단이 아니고, 의가 아니고, 선이 아니고, 썩어질 것이 아니라는 거예요.

바울이 원하는 건 생명이고, 영광이고, 존귀고, 영원한 거고, 엄청난 축복이고, 바로 영혼의 구원이에요. 그래서 바울은 예수 그리스도가 십자가에 못 박혀 죽은 것 하나만 전하는 거예요. 다른 거 필요 없어! 그 외에는 전부 배설물이야! 이게 제일이고, 이게 전부고, 이게 우리가 살아 있는 의미이고, 이것만 있으면 된다고 사도 바울이 얘기하는 거예요.

또 바울은 바울의 말과 전도함이 지혜의 권하는 말로 하지 않고, 다만 성령의 나타남과 능력으로 했다고 했어요. 무슨 얘기예요? 아까 얘기한 대로 썩지 않을 것, 영광과 존귀한 것, 예수님의 그 사랑, 주님의 의미, 성육신과 십자가의 죽음과 부활과 승천과 재림의 의미, 하나님의 은혜를 알게 하시는 거예요. 이게 바로 영적인 거야! 이게 하늘에 속한 거야! 하나님이 요구하시는 거야! 우리가 원하는 거야!

사도 바울이 서신서에서 얘기하는 것은 거의 영으로 살라는 말이에요. 사람의 뜻이 아니라 하나님의 뜻이라 하는 거예요. 육이 아니라 영이라 하는 거예요. 겉사람이 아니라 속사람이라고 하는 거예요. 세상적인 것이 아니라 천국에 관한 것이고, 사람에 속한 것이 아니라 하나님에게 속한 것이라는 말씀이에요. 바울의 서신서는 전부 여기로 인도하고 있어요.

이것은 하나님의 지혜를 말하는 것으로 비밀에 감추었던 것인데, 이제

때가 되어 하나님께서 드러내신 거예요. 하나님이 우리의 영광을 위하여 만세 전에 감추었던 것을 때가 되어 이제 드러내시는 거예요. 이 지혜는 이 세대의 통치자들이 한 사람도 알지 못했어요. 만일 알았더라면, 예수님을 십자가에 못 박지 않았을 거라고 하세요(고전 2:8).

이것은 눈으로 보지 못하고, 귀로도 듣지 못하고, 마음으로 깨닫지 못해요. 오직 하나님이 성령으로 이것을 우리에게 보이셨으니, 성령은 모든 것, 곧 하나님의 깊은 것이라도 통달하게 하세요. 사람의 일을 사람 속에 있는 영 외에는 몰라요. 하나님의 일도 하나님의 영 외에는 아무도 알지 못해요. 그러니까 성령을 받아야 해요.

○ **하나님의 은밀한 심판**

심판은 하나님 나라에 가서 받는 게 아니에요. 모든 무릎이 하나님 앞에 꿇을 것이고, 자기 죄를 하나님 앞에 직고(直告)한다고 했으니까(롬 14:11), 하나님 나라에 가서도 심판을 받겠지만, 사실 그게 전부는 아니에요. 성경에 이미 도끼가 나무뿌리에 놓였으니, 좋은 열매 맺지 아니하는 나무마다 찍어 불에 던진다고 하셨어요(마 3:10). 뿌리가 보여요, 안 보여요? 안 보여요. 그러니까 도끼가 나무뿌리에 놓였다는 건 뿌리가 이미 잘렸다는 얘기예요. 도끼에 찍혔다는 말이에요.

뿌리가 도끼에 찍혔으면, 당연히 나무는 죽어서 쓰러져야 하겠죠. 그렇지만 아직은 보이지 않아요. 왜냐하면 나무는 뽑히지 않는 한 뿌리가 잘

렸다고 금방 쓰러지진 않아요. 그런데 시간이 흐르면, 잎은 시들고, 줄기는 말라가고, 나무는 쓰러지겠죠. 그런데 지금 당장은 보이지 않아요.

우리의 신앙도 마찬가지예요. 우리 신앙에도 도끼가 놓였는지, 아닌지 아직은 몰라요. 보면 똑같은 나무들이에요. 그리고 똑같이 잎이 무성하고, 똑같이 열매도 맺는 거 같아요. 지금은 똑같은 신앙생활을 하는 거 같지만, 시간이 흐르고 어느 순간 열정도 식고, 첫사랑도 잃어버리게 되고, 믿음이 뒤로 물러가는 것 같아요. 그건 나무뿌리에 도끼가 놓였다는 뜻이에요. 그러나 싱싱한 나무는 가면 갈수록 더 뜨거워지고, 더 열정적이고, 더 사랑으로 더 믿음으로 더 소망으로 승리하게 될 거라고 믿어요.

물론 신앙생활을 하다가 조금 힘들어서 주춤할 수도 있고, 또 열심히 하다가 잠깐 쉴 수도 있어요. 그런 이유로 도끼가 나무뿌리에 놓였다고 생각할 필요는 없어요. 그러나 어느 날 그냥 신앙생활도 하기 싫고, 교회 가기도 싫고, 만사가 귀찮고, 더 심해져서 우울증도 오고, 그냥 죽으면 좋겠고, 점점 아래로 내려간다면, 그건 정말 불안한 거예요. 그땐 다시 한번 정신을 차리고 하나님 앞에서 금식하든지, 주님 옷자락 붙잡고 몸부림을 치면서 기도하든지 그 자리에 주저앉아 있지 말아야 해요.

다시 말씀드리지만, 이 뿌리를 지키는 것은 우리가 아니라, 주님이에요. 주님이 지켜 주세요. 그러니까 우리는 어떤 상황에서도 주님을 의지하고, 하나님을 기뻐하고, 우리의 길을 여호와께 맡겨야 해요. 쉴 수 있어요. 힘들고, 피곤해서 예배 못 드릴 수도 있어요. 열심히 하다가 열심히 못 할 수 있어요. 그러나 우리 마음은 늘 주님을 향하고, 주님을 붙잡아야 해요. 오히려 우리 마음이 그럴수록 우리 신앙을 점검할 기회가 될 수 있어요. 우리가 열심히, 신나게 신앙 생활하는 것도 은혜지만, 또 못 할 때는 내가 주님 앞에 왜 이러는지 생각하면서, 주님을 묵상하는 것도 은혜예요. 잠시 쉬었다 가는 사람이 더 멀리, 더 오래 갈 힘이 생기기도 하거든요.

○ 하나님의 법대로 살아야 할 삶

"무릇 율법 없이 범죄한 자는 또한 율법 없이 망하고 무릇 율법이 있고 범죄한 자는 율법으로 말미암아 심판을 받으리라"(롬 2:12)

율법이란, 첫째 모세오경에서 얘기하는 십계명과 구약의 613가지의 율법을 말해요. 그리고 호세아는 율법을 만 가지로 얘기하고 있어요. 저는 율법을 사람이 규정하고, 사람이 만들어서 사람이라면 반드시 해야 할 규칙이나 법률, 관습, 풍습 등 사람이 하는 모든 것이라고 정의 내렸어요. 사람이 하는 모든 것은 율법이라고 생각하면 돼요. 다시 말해서 율법은 '하라', '하지 마라', '착한 사람 돼라', '좋은 사람 돼라', '이거 지켜라, 저거 지켜라'예요.

율법은 우리의 죄를 없이 할 수가 없어요. 우리의 죄를 해결할 수 없어요. 우리는 끊임없이 죄를 짓고 있고, 끊임없이 불충한 삶을 살고 있어요. 눈으로 보는 거, 귀로 듣는 거, 입으로 말하는 거, 생각하는 거, 마음에 품는 거 모두 죄예요. 사실 율법이라는 건 좋은 거예요. 세상에서 볼 때, 육의 눈으로 볼 때는 다 필요한 거예요.

'하라', '하지 마라'가 율법이라면, 하나님의 법, 성령의 법, 믿음의 법, 마음의 법은 '하나님이 하셨습니다.'예요. 우리는 여기서 심판받지 않고, 하나님 나라에서 심판받아요. 여기서는 하나님의 법으로 심판받지 않아요. 하나님 나라에서 하나님의 법으로, 성령의 법으로, 믿음의 법으로 심판받아요.

그렇다면 이제 우리는 어떻게 해야 해요? 하나님의 법을 복음이라고 하죠. 이 복음은 '하나님이 하셨습니다.'예요. 아까 얘기한 대로 하나님이 우리를 여기까지 인도하시고, 이끌어 오셔서 그 나라에 갈 수 있도록 하나님이 모든 것을 다 이루신 거예요. 복음이야말로 복된 소식이고, 기쁜 소식이죠. 우리는 다 이루었다고 말씀하시고, 다 마치시고, 모든 것을 끝내시고, 완성하신 주님 안에 있기 때문에, 우리의 모든 것은 이미 다 이루어졌고, 다 끝난 거예요.

우리가 다시 이루며 가는 게 아니에요. 뭔가를 온전하게 만들면서 가는 게 아니에요. 주님의 모든 시나리오 안에서, 주님의 모든 계획 안에서, 주님의 창조와 심판의 섭리와 주님의 은혜 안에서 우리가 그 은혜를 따라갈 때, 결국 거기가 승리의 길이에요. 우리는 승리하려고 하는 게 아니라, 이미 승리한 주님을 따라가는 게 바로 승리의 삶이에요. 그러니까 우리는 이 모든 것을 주님이 하셨다고 얘기할 수 있어요.

율법이 없이 범죄 한 사람은 율법 없이 망한다는 말은 그들에게 심판 형벌을 내릴 근거가 바로 양심이라고 얘기하고 있어요. 다음에 율법이 있고 범죄 한 사람은 율법으로 말미암아 심판받게 돼요. 모세의 율법이죠. 이 모세의 율법은 크게 십계명이에요. 이 십계명을 예수님이 두 가지로 말씀하셨어요. 첫 번째는 마음과 뜻과 정성을 다해 하나님을 사랑하라는 계명이고, 두 번째는 네 이웃을 네 몸과 같이 사랑하라는 계명이에요.

우리가 하나님의 법과 율례와 명령과 규례를 지키면 천 대까지 복을 받고, 우리가 명령을 지키지 않으면 삼사 대까지 망한다고 말씀하세요. 삼사 대가 망한다는 거는 젊어서 죽기 때문에 더 이상 후손이 없다는 말이에요. 엄청 무서운 얘기예요. 그러니까 우리가 원한다고 되는 게 아니라, 하나님께서 지켜 주시면 되는 거고, 하나님께서 버리시면 버려지는 거예요.

사람은 별거 아니에요. 사람을 어디에 비유하셨어요? 안개에 비유하셨어요. 또 우리의 인생이 입김보다도 더 가볍다고 하셨어요. 그런데 우리한테는 우리 인생이 대단한 거잖아요. 죽고 사는 게 얼마나 중요한 문제예요. 그런데 하나님에겐 그게 그렇게 중요한 게 아니에요. 그러니까 우리는 우리 식대로 살지 말고, 하나님의 의도대로 살아야 해요. 우리에겐 죽고 사는 게 엄청나게 중요하지만, 사람은 결국 다 죽게 되어 있어요.

그러나 하나님은 우리가 죽고 사는 걸 보시지 않아요. 하나님에겐 우리가 천국에 올 수 있는지, 하나님의 상을 받을지, 하나님의 벌을 받을지가 정말 중요해요. 왜냐하면, 그 나라는 영원한 나라이고 그곳의 삶이야말로 영원한 생명이기 때문에 하나님은 거기에 관심이 있는 거예요.

그럼 우리는 당연히 이 땅에서도 이 땅의 법을 잘 지켜야 하겠지만, 하나님 나라에 가면 하나님의 법대로 심판받고, 하나님의 뜻대로 살기 때문에 우리는 여기서 미리 배우는 거예요. 왜냐하면, 믿지 않는 사람이 천국 갈 수 없고, 제대로 신앙 생활하지 않은 사람이 예수님 오실 때 들림 받지 못하기 때문이죠. 여기서 준비하고 여기서 주님의 사랑으로, 주님의 말씀으로, 늘 주님과의 관계로, 주님의 은혜로, 사는 사람들이 결국 그 나라에 가게 되거든요.

하늘에서도 영광이 다르다고 했잖아요. 그럼 더 나은 영광으로 가려면, 이 땅에서 그만큼 주님의 뜻대로 살아야 해요. 그런데 우리는 말로는 아멘이라고 할 수 있지만, 그렇게 살지는 못해요. 그래서 주님의 뜻대로 살게 하시려고 주님이 오셨고, 다시 올라가셔서 성령님을 보내주신 거예요. 그러니까 성령 하나님이 우리를 지켜 주시려고, 성령 하나님이 우리를 천국의 사람으로 만들어 주시려고, 성령 하나님이 우리를 항상 보호해 주시려고 오셨어요.

> "그러나 진리의 성령이 오시면 그가 너희를 모든 진리 가운데로 인도하시리니 그가 스스로 말하지 않고 오직 들은 것을 말하며 장래 일을 너희에게 알리시리라"(요 16:13)

우리는 넘어지지 않을 수 없어요. 우리가 넘어지지 않을 수는 없지만,

중요한 건 다시 우리를 일으키신다는 거예요. 넘어지면 결국 일어난다는 거죠. 의인의 넘어짐을, 의인이 침륜에 빠지는 것을, 의인의 뒤로 물러감을, 의인이 망하는 것을 주님이 허락하지 않으신대요. (시 66:9) 결국 우리가 잘하는 게 아니라, 우릴 일으켜 주시는 주님이 하시는 거예요.

7번 넘어지면 8번 일으켜 주시고, 70번 넘어지면 71번 일으켜 주시고, 700번 넘어지면 701번 일으켜 주세요. 무슨 말이냐면 몇 번을 넘어진다 해도 결국은 주님이 우리를 일으켜 주신다는 이야기예요. 그러니까 우리는 우리가 일어나려고 애쓸 게 아니라, 주님을 붙잡는 일에 우리의 모든 에너지와 시간을 소모해야 한다는 이야기예요. 오직 주님만 바라보는 거죠.

○ **주님의 빛을 따라 점검하는 인생길**

율법은 우리가 할 수 없는 거예요. 어차피 율법으로는 죄인이 될 수밖에 없어요. 양심도 마찬가지예요. 양심은 선과 악을 구별하는 마음이에요. 그런데 오늘날 사람들의 양심이 바닥으로 떨어졌어요. 양심을 지켜야 하지만, 살다 보면 그렇게 안 돼요. 양심을 지키며 살다가 양심에 저촉되는 행동을 하면, 스스로 양심을 속이고 자신한테 면죄부를 주게 돼요. 자신의 행동이나 죄를 합리화시켜요. 그것이 습관이 되면, 나중에는 웬만한 죄는 죄로 여기지도 않아요.

그래서 오늘 아침에 주님이 그 말씀을 주셨나 봐요. 나의 속사람은 갈수록 주님의 은혜 안에서 더 진해지고, 더 짙어지고, 더 간절해지고, 주님의 사랑으로 힘을 얻는데 왜 나의 겉사람은 갈수록 주님 앞에 이런 부끄럽고, 죄송하고, 송구스러운 마음이 들까라고 생각이 들었을 때, 주님이 '내가 빛이고, 내게 가까이 올수록 내가 강렬한 빛이 너의 모든 것을 비추는데, 그게 너무너무 당연하지'라고 하셨어요(요 12:46-50).

"그러므로 우리가 낙심하지 아니하노니 우리의 겉사람은 낡아지나 우리의 속사람은 날로 새로워지도다"(고후 4:16)

그러니까 확실하고 분명하게 판단하시며 우리의 머리카락까지도 헤아리시고 우리의 폐부와 심장까지 살피시는 하나님 앞에 우리는 점검받아야 해요. 만일에 하나님 나라에 가서 점검받으면 어떻게 되겠어요? 그땐 끝나는 거야. 기회를 놓치고 마는 거야. 그러니까 우리는 살아 있는 동안 우리 모두는 주님 앞에 점검받아야 하는 거예요. 점검을 받는 거 두려워 마세요, 겁내지 마세요, 확실하고 분명하게 결산해야 해요.

죽든지 살든지 까무러치든지 현재 우리가 있는 이 땅이 기회의 땅이고, 준비할 수 있는 시간이고 새롭게 될 수 있는 소중한 기간입니다.

제11장 하늘 영광 그리고 축복

○ 선악 간 심판은 정한 이치

"일의 결국을 다 들었으니 하나님을 경외하고 그의 명령들을 지킬지어다 이것이 모든 사람의 본분이니라 하나님은 모든 행위와 모든 은밀한 일을 선악 간에 심판하시리라"(전 12:13, 14)

전도서 시작에는 세상의 모든 것은 다 헛되다고 얘기하지만, 전도서 마지막엔 너는 청년의 때, 곧 곤고한 날이 이르기 전, 나는 아무 낙이 없다고 할 해가 가깝기 전에 너의 창조자를 기억하라고 말씀하세요. 하나님을 경외하고, 그 명령을 지키는 것이 사람의 본분이라고 얘기하고 있어요. 인간의 본분이라고 하세요. 왜? 하나님이 선악 간에 심판하시거든요. 그런데 사람들은 그 사실을 몰라요. 죽으면 그냥 끝이라고 생각하는 사람한테는 할 말이 없어요. 그렇지만, 믿음의 사람들한테는 이 사실을 확실하고 분명하게 얘기해 줘야 해요.

죽음에 관한 것을 얘기하지 않으면, 신앙의 가치가 떨어져요. 죽음과 심판을 얘기해 주지 않으면, 우리 신앙은 해이해질 수밖에 없어요. 우리는 죽음에 대해, 그다음에 심판에 대해, 그리고 하나님의 상급과 하나님의 형벌에 대해 분명하게 얘기해 줘야 해요.

들어도 잘 안 되는데, 듣지 않으면 어떻게 되겠어요? 한 번 듣는다고 되겠어요? 그래서 주님은 한번 말씀하시고, 다시 말씀하시고, 귀에 인치듯이 교훈하신다고 하시는 거예요. 그러니까 하나님의 율례와 법도와 하나님의 명령과 하나님의 규례를 지켜 행하면, 천 대에 걸쳐서 복을 받을 거라고 하나님이 우리에게 귀에 인치도록, 귀에 딱지가 앉도록 들려주시는 거예요.
그렇게 들었어도 하나님의 선민이란 백성들은 결국 불순종으로 실패하고 말았잖아요.

우리가 이 땅에서 신앙 생활하는데 남이 다 아는 정도의 이론적인 것으로 끝난다면, 우리는 시간을 귀하게 보내고 있지 못한 거예요. 신앙은 여기서도 중요하지만, 내세에서 중요해요. 죽음 후에 심판도 염두에 두어야 하고, 하나님 앞에 칭찬이 있을지 형벌이 있을지, 천국에 갈지 지옥에 갈지도 항상 염두에 두면서 신앙생활을 해야 해요. 하나님이 심판만 하시는 하나님이 아니잖아요. 하나님은 우리에게 복을 주시되 큰 복을 주세요. 하나님을 기뻐하면, 마음의 소원을 이루어 주신대요. 우리 길을 여호와께 맡기고, 하나님을 의지하면, 그가 이루시고 우리의 의를 빛같이 우리의 공의를 정오의 빛같이 나타내신다고 말씀하세요.

○ 율법과 양심, 두 가지 심판

"무릇 율법 없이 범죄한 자는 또한 율법 없이 망하고 무릇 율법이 있고 범죄한 자는 율법으로 말미암아 심판을 받으리라"(롬 2:12)

사람들은 두 가지로 심판받아요. 복음 외에 두 가지의 법이 있는데, 하나는 율법이고, 하나는 양심의 법이에요. 사람은 율법을 따라 심판을 받든지 율법이 없는 사람은 양심이 율법이 돼서 양심을 따라 심판받아요. 율법은 법령이 딱 정해져 있어요. 나쁘고 좋은 게 딱 정해져 있어요. 그러니까 심판받는 게 확실하고 분명해요.

그런데 양심은 정해져 있지 않아요. 양심은 정해진 게 아니라서 너무 막연해요. 상황에 따라, 문화에 따라, 나라에 따라, 삶의 습관에 따라, 배움에 따라, 살아온 방식에 따라 양심은 너무 천차만별이에요. 사람들은 다양한 삶 속에서 때로는 어쩔 수 없는 것처럼 합리화시키기도 해요. 그리고 너무 많은 죄악 속에서 살다 보니까 감각을 잃어버리기도 해요. 마음의 감각이 무뎌져요. 그리고 자신에게 면죄부를 주기도 해요. 점점 타락하다 보니까 지금은 웬만한 죄는 죄도 아니에요.

그러니까 율법이 있는 사람들은 율법을 따라서 망해요. 율법을 듣는 자가 의인이 아니고, 행하는 자라야 의롭다고 했어요. 너 율법 안 지켰지? 너는 이제 죄인이야! 이 사람은 면책받을 수 없어요. 정확한 율법의 정해진 법령 안에서 잘못했기 때문에 정확하게 죄인으로 선고받고, 정확하게 형벌을 받는 거예요.

그리고 양심은 율법보다 더 많은 죄를 쌓겠죠. 인간은 기본적으로 인간의 상식, 양심, 인간의 도의, 인간의 기본적인 게 있는데, 세상이 질서가 없어지고, 악해지다 보니까 우리는 죄인지 아닌지 알 수가 없고, 혼란스러워요.

율법의 죄도 죄지만, 양심의 죄도 똑같은 죄에요. 그러니까 율법으로 심판받는 사람은 율법으로 망하고, 그다음에 양심의 법으로 심판받는 사람은 양심의 법으로 망하는 거예요. 그러니까 율법과 양심의 잣대를 들이대니까 의인이 한 사람도 없어요. 하나님이 보시니까 다 죽게 생겼어요. 그래서 예수님을 이 땅에 보내주신 거예요.

○ 새로운 심판의 기준

"우리를 거스르고 불리하게 하는 법조문으로 쓴 증서를 지우시고 제하여 버리사 십자가에 못 박으시고"(골 2:14)

예수님이 이 땅에 오셔서 우리가 받아야 할 죄악에 대한 형벌을 받으시고, 인류의 과거 현재 미래의 모든 죄를 십자가에서 단번에 다 사하시고, 우리를 대적하는 의문(儀文)에 쓴 증서(법조문)를 없애 버리셨어요.

그러면 무엇으로 우리를 심판하실까요? 죄를 죄 되게 할 법조항이 없어졌는데, 십자가를 지시고, 우리의 모든 죄를 사해 주신 예수님을 믿었냐 안 믿었냐, 좀 더 나아가 예수님을 사랑하냐, 사랑하지 않느냐로 우리를 심판하실 거예요.

잘살고 못살고, 잘하고 못하고는 현상이고 열매일 뿐이에요. **일단은 예수님을 믿느냐 안 믿느냐, 이게 중요한 거고, 예수님을 사랑하느냐 사랑하지 않느냐, 이게 핵심인 거예요.**

그러니까 마음을 다하고 뜻을 다하고 정성을 다해 주 너의 하나님을 사랑하라(마 22:37)는 게 바로 우리가 살아가는 방법이에요. 그렇게 그 사랑이 가득 차면, 내 이웃도 내 몸과 같이 사랑하고(마 22:39), 현상도 아름답게 나타나요. 그리고 좋은 나무가 좋은 열매를 맺는 것처럼 사랑이 사랑의 열매를 맺을 수밖에 없고, 하나님의 사람이 부드러움을 나타낼 수밖에 없고, 아름다움이 아름다움을 나타낼 수밖에 없고, 생명이 생명을 나타낼 수밖에 없고, 천국의 삶이 천국의 삶을 나타낼 수밖에 없어요. 그렇다고 이제 구원받았으니, 의문의 증서(법조문)가 없어졌으니까 내 마음대로 살아도 돼요? 영혼은 구원받았으니까, 육신은 마음대로 살아도 돼요? 이걸 니골라당이라고 해요. 이건 나쁜 거라고, 하나님이 미워하신다고 이미 얘기하셨어요.

○ 지금은 공사 중

"너희가 육신대로 살면 반드시 죽을 것이로되 영으로써 몸의 행실을 죽이면 살리니"(롬 8:13)

"무릇 하나님의 영으로 인도함을 받는 사람은 곧 하나님의 아들이라"(롬 8:14)

우리가 예수님의 사랑으로 가득 차서 그 사랑이 우리 안에서 넘치면, 어떻게 부드러운 사람이 되지 않겠어요. 그런데 지금은 공사 중이잖아요. 성령 하나님께서 우리 심령 가운데 오셔서 우리를 계속 다루고 계시고, 우리는 지금 공사 중이에요. 공사 중인데, 건물이 완성이 안 됐는데 왜 건물이 이 모양이냐고 할 사람은 없잖아요. 그러니까 누가 우리 보고 예수 믿는다고 하면서 왜 저따위냐고 하면, 지금 공사 중이니까 좀 봐달라고 하세요.

그러니까 결국 영으로 살라는 얘기예요. 믿음으로 살라는 얘기예요. 하나님의 사랑으로만 살라는 얘기예요. 육의 사람이 하나님 앞에, 그 신의 사랑에 굴복한다는 건 너무너무 불가능한 얘기예요. 그래서 예수님이 가시고, 성령 하나님을 이 땅에 보내셔서 우리 심령 안에 확 넣어 버리신 거예요. 그분이 우리를 생명으로 진리로 인도하시고 이끌어 가시려고 우리에게 오신 거예요.

성령이 우리 심령 가운데 오셨잖아요. 육신으로는 할 수 없지만, 하나님은 다 하실 수 있어요. 그런데 안 돼요. 신앙생활 10년, 20년 했지만, 안 돼. 왜? 그만큼 예수님께 집중하지 않았고, 진리의 영으로 충만하지 않았고, 하나님께 온 마음과 뜻과 정성과 목숨을 다하지 않았기 때문에 결과는 한 만큼만 있는 거예요.

심지어는 영을 따라 살아야 하는데, 영에 육을, 영에 율법을, 영에 양심을 섞으니까, 이게 도대체 진리인지 비진리인지, 진짜인지 가짜인지, 좌(左)인지 우(右)인지, 앞인지 뒤인지 분별하지 못하는 거예요.

그러니까 어떤 때는 진리를 좇고, 또 어떤 때는 양심도 지켜야 하고, 율법도 지켜야 하고, 좋은 사람도 돼야 하고, 구제도 해야 하고, 제자 훈련도 해야 하는데, 주님과의 관계와 사랑에선 아무것도 안 되고 있는데, 제자 훈련하면 다 죽이는 거예요. 신앙생활 그렇게 하면 안 돼요. 결국 듣는 사람들도 헷갈리게 돼요.

"그냥 두라 그들은 맹인이 되어 맹인을 인도하는 자로다 만일 맹인이 맹인을 인도하면 둘이 다 구덩이에 빠지리라 하시니"(마 15:14)

○ 자기와 건강한 관계를 맺는 훈련

물을 가지고 실험한 내용이 있어요. 물을 향해 좋은 말을 해 주고, 계속 축복을 했더니 물의 입자가 왕관 모양과 다이아몬드 모양으로 변하는 것을 관찰할 수 있었어요. 그런 물을 마시면 건강해지겠죠. 그러나 반대로 물을 향해 나쁜 말을 하고, 계속해서 저주하니까 물의 입자 모양이 망가지는 것을 알게 되었어요.

우리 몸은 수분이 평균 70%라고 해요. 특히 우리 뇌는 물이 80%래요. 그러니까 우리가 뇌를 계속 축복하면, 내가 나에게 위로와 격려와 새 힘을 주는 삶이 될 거예요. 진리, 행복, 기쁨과 즐거움은 우리 안에 있고, 우리가 다룰 수 있는 거예요. 그러니까 마지막에 제일 행복한 사람은 나 자신과의 관계가 바르고, 건강한 사람이에요.

몸이 건강해도 뇌 기능에 문제가 생기면, 내 몸도 내 맘대로 못 하잖아요. 그런데 뇌가 활동하고, 긍정적인 생각을 주고, 긍정적인 말을 하고, 긍정적인 미래를 꿈꾸면, 우리는 진짜 그렇게 되는 거예요. 그러니까 아프면, 뇌에 명령하고, 뇌를 통해 선포하는 거예요.

"예수 그리스도의 이름으로 명하노니 너는 아프지 말지어다. 악한 원수 마귀는 떠나갈지어다.

병마는 떠나갈지어다. 어둠은 떠나갈지어다. 하나님의 생명으로, 하나님의 사랑으로 살아가는 하나님의 영의 사람인데, 어디 감히."라고 명령하고 선포하는 거예요.

"나 너무 아파. 나 너무 힘들어. 난 못해." 이렇게 하지 마세요. "난 할 수 있다. 능력 주시는 자 안에서 우리는 무엇이든지 할 수 있다." 이렇게 말씀하세요.

그러니까 나와의 관계가 건강해지는 삶을 살려면, 뇌를 잘 활용하는 거예요. 뇌에다 계속 나와의 바른 관계를 위해 잘될 거라는 긍정의 마음을 심어 주세요.

"나는 행복하다. 나는 하나님의 사람이다. 나는 주님 때문에 세상 어떤 것도 두렵지 않아. 부족한 것도, 염려할 것도, 근심 걱정도 없어. 혹시 있다고 할지라도 하나님께서 이 모든 것을 가장 아름다운 것으로 바꿔 버리실 거야. 우리 하나님이 그런 하나님이야. 하나님은 살리는 하나님이야. 하나님이 왜 우리를 죽이려고 하시겠어. 하나님이 왜 우리를 혼내려고 하시겠어. 하나님은 우리에게 가장 좋은 것을 주신다고, 노여움은 잠깐이고 하나님의 은총은 평생이라고 했어. 여호와를 기뻐하면, 하나님이 모든 행사를 다 형통케 하신다고 했어."

우리가 그런 긍정의 메시지를 뇌와 심령에 계속 심어 주는 거예요.

우리 뇌는 생각보다 단순하고 순수해서 빨대만 입에 물고 있어도 뇌는 웃는 것으로 기억하고 몸에 좋은 물질인 엔돌핀을 마구 품어낸다고 해요.
어깨를 반듯하게 펴고 약간 교만한 자세로 걸어 다녀도 뇌는 자신감 있는 모드로 전환하여 범사에 힘이 있는 삶을 살 수 있도록 만든다고 들었어요.

우리는 긍정의 마음으로 주님 앞에서 행복하고, 즐겁고, 슬퍼도 기쁘고, 걱정과 염려가 있어도 행복하고 평안한 삶과 믿음으로 살아가면 돼요. 어차피 결과는 정해져 있어요. 내가 슬퍼해도 결과는 있고, 내가 기뻐해도 결과는 있어요. 그리고 기쁨의 결과라는 것은 하나님과 함께하면 기쁨이고, 최고의 영광이고, 최고의 축복이에요. 하나님께서 개입하시는 모든 것은 다 즐거움이고 행복이고 축복이고 영광이란 거예요.
우리는 자신과의 바른 관계, 행복한 관계, 완전하고 어느 것도 틈탈 수 없는 관계를 위해 예수 그리스도의 이름으로 우리의 뇌까지 훈련해서 예비된 가장 행복한 미래를, 우리의 삶을 살아가게 될 것을 믿습니다.

제2부

하늘의 음성과 땅의 울림

제1장 주님 사랑의 메시지

○ 사랑에 반응하라

너무 많은 말들이 그리고 너무 많은 지식과 이론들이 우리를 예수님의 사랑에서 멀어지게 한다. 말에 반응하는 사람이 아니라 사랑에 반응하는 사람이 되라.

죽음이 두려운 것이 아니라 믿음 없는 것이 두렵고, 믿음이 적은 것이 두렵고, 예수님께 드린 것이 없는 것이 두렵고, 예수님을 사랑하지 못한 것이 두려운 것이다. 하나님께서 나를 너무너무 사랑하시는 것을 알아가는 것이 하나님께 사랑을 드리는 시작이다.

사랑하는 자의 포로가 되어 산다는 것은 행복한 것이다. 사랑하지 않는 것이 죄다. 세상에서 부드럽게 되기보다는 예수님을 고집스럽게 사랑하는 사람이 되어라!

영적인 행위란? 예수님을 사랑하고 따르는 것이고, 육적인 행위란? 나의 열심과 의지로 하는 모든 것이다. 우리의 영원한 본향을 믿음으로 가는데 사랑으로 가면 얼마나 행복하고 정확하고 깊이 갈 수 있을까?

하나님은 자신을 사랑하는 사람들을 죄에서도 멀어지게 해 주신다. 사랑 안에는 무한한 능력이 있다. 하나님을 사랑하는 사람의 작은 몸짓은 하나님의 능력과 승리로 나타난다. 예수님을 기다리는 것이 능력이다. 주님을 의식하는 것이 기도다.

사랑하되 생명을 다하여 사랑하라! 희망이 강하면 절망이 물러가고, 기쁨이 강하면 슬픔은 물러가게 되어 있다. 내 육신은 땅에 있지만 내 영혼은 하늘을 난다. 순교도 사랑 없이 믿음으로 할 수 있다. 그러나 사랑으로 살고 죽는 사람은 많지 않다.

사랑하지 않는 사람은 끝까지 기다릴 수 없다. 예수님도 우리를 기다리신다. 기다림에 지치지 말고 기다림 속에서 자신을 돌아보자! 겨자씨만 한 믿음이 태산을 옮기듯 하나님을 향한 작은 사랑이 하나님의 마음을 감동시킨다!!!

○ **이기는 신앙인이 되라**

하나님께 나를 드리는 것을 두려워 말고, 하나님께서 나를 다루시는 걸 무서워 말라! 고난을 피하는 기도가 아니라 고난을 이길 수 있는 기도를 해야 한다.

예수님을 미치도록 사랑하면 지옥의 권세도 이기게 된다. 하나님을 두려움과 떨림으로 섬기지 않으면, 세상의 모든 것이 두려워진다.

기름부음 받은 자는 말이나 행동이 거칠지 않고 부드럽다. 믿는 것이 아니라 믿어져야 하고, 용서하는 것이 아니라, 용서가 되어야 하고, 기도하는 것이 아니라 기도가 되어야 한다.

예수님 때문에 행복하시죠? 예수님 때문에 너~무 행복하시죠? 예수님 때문에 미치도록 행복하시죠? 얻기 위해 기도하는 것이 아니라 버리기 위해 기도하고, 살기 위해 기도하는 것이 아니라 잘 죽기 위해 기도하라!

금 사슬에 은을 박아 주시고, 은혜에 은혜를 더하시고, 믿음에서 믿음에 이르게 하시고, 깨끗한 사람은 더 깨끗하게 하시고 거룩한 사람은 더 거룩하게 하시는 주님! 성경은 예수님에 관한 기록이고, 성경은 예수님의 것이고, 성경은 예수님이다!

전도가 미련하고 설교가 미련한 까닭은 사랑은 기술로 보여 줄 수 없고, 사랑은 이론으로 가르칠 수 없기 때문이다. 목적인 예수님이 없으면, 과정인 신앙생활이 목적이 된다. 뼛속, 살속, 골수, 세포 속까지 예수님으로 채워라! 주님을 사랑한다고 고백하다 보면 입술의 열매를 맺게 된다.
주님 사랑에 완전히 빠지는 것 말고는 더 큰 영광이 없다. 몸부림치는 사랑이 필요하다.

사랑은 사랑하는 사람이 사랑하는 사람에게 가까이 다가가는 것이다. 영혼이 육체를 떠날 때 승리하는 삶을 살아야 한다. 죽음도 준비하고 기도하라, 죽을 때 행복한 사람이 진짜 행복한 사람이다.

나쁜 사람? 잘되는 것은 내 탓, 안되는 것은 남 탓! 미련한 사람? 잘되는 것은 하나님의 은혜, 안되는 것은 내 탓! 지혜로운 사람? 잘되는 것도 하나님의 은혜, 안되는 것도 하나님의 은혜다.

마음이 아플 때, 마음이 상했을 때, 외로울 때, 질병으로 고통 당할 때, 아무 일도 되지 않을 때, 이때가 하나님께서 내 마음 밭을 갈아서 엎으시어 가장 아름답고 기름지고, 좋은 밭이 되었을 때다.

예수님의 얼굴이 천국이고, 예수님의 목소리가 천국이고, 예수님의 품이 천국이고, 예수님이 천국보다 더 좋은 진짜 천국이다. 이 시대는 돈을 잃어버리면 찾아다녀도, 예수님을 잃어버리면 찾지 않는다.

○ 끝까지 견디는 사랑을 하라

"저들이 나보다 천국을 더 사랑한다. 너는 천국보다 나를 더 사랑하여라!"
"은사는 내가 준 선물일 뿐이다. 너는 준 자를 기억하라"

주님! 우리 원하는 기도 들어주지 마시고, 주님이 원하시는 것 주세요. 하나님, 죄송해요! 제가 주님께 잘 보이려고 전도하고, 상급 받으려고 전도했어요. 영혼 구원에는 어느 조건도 있을 수 없다.

성도는 양심을 따라 살지 않고, 하나님 말씀을 따라 살아야 한다. 양심을 무시하라는 것이 아니라, 양심이 하나님의 음성을 들어야 한다는 말이다.

천둥소리가 무서워 밖에 나가지 못하고 회개하는 사람이 있고, 천둥소리가 하나님께서 통고하시는 소리로 들리는 사람이 있고, 천둥소리가 예수님께서 오시는 발자국 소리로 들려 반겨 맞으러 나가는 사람이 있다.

"육신의 문둥병자는 돌봐주는 사람이 있는데, 영혼의 문둥병자는 돌봐주는 사람이 없구나. 네가 저들을 돌봐주어라!"

"내가 너희에게 보이지 않는 것도 보라고 했는데, 보이는 것도 보지 못하다면 너희에게 무엇을 기대하겠느냐?"
"내가 땅의 일을 말하여도 너희가 믿지 아니하거든 하물며 하늘의 일을 말하면 어떻게 믿겠느냐"(요 3:12)

"죽는 거 두려워하지 마라! 그러다가 진짜 죽는다!"
"저들에게 하늘의 옷을 입히고 하늘의 언어를 가르쳐 주어라!"

"너는 내가 입는 옷이다!"
"아멘! 주님이 입고 다니시기 가장 편한 옷이 되기 원합니다."

"나를 생각하지 않는 모든 시간이 잠들어 있는 시간이다."
"슬기로운 처녀들이 준비한 기름은 나를 생각하여 흘린 나의 눈물, 너의 눈물이다."

네가 좋아하는 백 가지 잘하는 것보다, 주님이 싫어하는 한 가지 하지 않는 것이 더 낫다! 하나님 앞에 회개로 녹아지고, 사랑으로 녹아지고, 두려움으로 녹아져야 한다.

두려움이 없으면 사랑하는 대상 앞에서 무례해지고 방자해진다. 예수 그리스도를 전하지 않는 설교, 주님을 구하지 않는 성도 가운데 주님은 계시지 않는다. 주님의 재림을 거부하는 목회자, 마지막 환난을 대비하지 않는 교회에 주님은 계실 수 없다.

믿음이란 하나님께서 하신 모든 일에 동의하는 것이다. 믿음이란 하나님께서 하신 모든 일에 감사하는 것이다. 그것이 내 모든 것을 잃는 일일지라도 그럴 수 있어야 한다. 상처받는 것, 염려하는 것, 걱정하는 것, 이 모든 것은 내가 아직 교만하다는 증거다.

육체를 가졌기에 이런 것이 없을 수는 없지만 변화되어야 한다. 하나님의 사랑이 예수님을 보내셨고, 예수님의 사랑이 성령님을 보내셨고. 성령님의 사랑이 우리를 끝까지 견디게 하시고 승리하게 하신다.

○ 하나님 사랑의 법칙을 신뢰하라

실족하지 않으려고 애쓰는 사람이 있고, 하나님께서 실족을 허락하지 않는 사람이 있다. 율법으로 사는 사람은 죄를 지으면 하나님과 멀어지고 율법을 지켜도 교만해져서 하나님과 멀어진다.

성령으로 사는 사람은 죄를 지으면 하나님께 나아가 회개하고 의를 행하면 더욱 담대하게 하나님께 나아간다.

하나님이 선택하신 그 사람이 나라요 열왕이요 열방이다. 이 믿음이 있는 사람은 원한을 가질 일도 없고, 미워할 일도 없고, 개인적인 일에 연연하지 않는다. 언약 신앙은 죽음도 초월한다.

종교개혁이란? 없는 것을 있게 하는 것이 아니라 말씀을 지키는 것이고, 성경을 확실하게 아는 것이다. 다시 오실 예수님을 선포하며 사는 것이다. 첫사랑을 회복하는 것이며, 아는 것을 예배하는 것이다.

말씀은 내려오는 것, 찬양은 올라가는 것, 기도는 쌍방향! 주님을 깨닫는 순간부터 기도가 달라진다. 이 땅의 고통은 하늘 소망으로 이겨야 한다. 귀가 닫히면 하나님의 큰 소리도 들리지 않지만, 귀가 열리면 하나님의 세미한 소리에도 반응한다.

하나님의 작은 음성, 부드러운 소리에도 놀란다. 자신이 필요해서 주님을 찾는 것이 아니라 주님이 필요로 하시고 찾으실 때 주님께 가는 사람이 되자! 천국을 보고 와서도 지옥에 가는 사람이 많다. 천국에 올라가려면 공중 권세를 뚫어야 간다.

예수님이 이 모든 싸움에서 승리하셨다. 모든 물건이 중력의 법칙에 따라 땅으로 떨어짐과 같이 우리 그리스도의 신부들은 하나님 사랑의 법칙을 따라 하나님께 끌려 올라가게 된다. 우리의 신랑 되신 예수님을 목숨보다 더 사랑할 수 있는 비결이 바로 하나님 사랑의 법칙이다.

사도바울이 삼층천(三層天)에 올라가서 말했다. "그가 몸 안에 있었는지 몸 밖에 있었는지 나는 모르거니와 하나님은 아시느니라"(고후 12:2) 우리는 말한다. 육신은 이 땅에 살지만 내 영혼의 삶은 천국의 은혜로 충만하다. 우리가 몸 안에서 사는지 몸 밖에서 사는지 나는 모르거니와 우리 하나님은 아신다.

성도의 죽음을 우리는 소천했다고 말한다. 주님은 성도의 죽음을 살아났다고 말씀하신다. 하늘에 간 성도가 진짜 천국 백성이다. 우리는 아직 장담할 수 없고, 확신할 수 없는 어찌 될지 모르는 세상에 살고 있다. 그러나 주님은 말씀하신다. "내가 다 이루었다! 내가 다 승리했다!"

○ 하나님이 다 하셨느니라

우리 모두는 구원열차에 올라탔다. 우리가 어떤 자세로 목적지까지 도착하는지는 중요하지 않다.
열차가 목적지를 향해 잘 가고 있는지 방향이 중요하다. 우리 예수님이 기관사이니 걱정할 필요가 전혀 없다. 의심하든, 두려워하든, 슬퍼하든, 내리지만 않는다면…. 미워하든, 질투하든, 시기하든, 사랑하든 내리지만 않는다면…. 성령 하나님이 우릴 도와주실 것이 분명하기 때문이다. 끝까지 내리지만 않는다면 열차는 분명 약속 따라 목적지에 결국 도착하게 될 것이다.

'동행'이라는 단어의 히브리 어원은 '하나님이 앞세워서 떠밀고 가다'라는 의미다. 그러므로 동행의 주어는 우리 하나님이시다. 율법의 정의는 '하라'와 '하지 마라'다. 그러나 복음의 정의는 '하나님이 하셨습니다'이다.

우리는 하나님이 하시는 일에 감탄, 감격, 감사하면 된다. 글을 통해 하나님을 공부한 사람이 있고, 하나님을 만나서 하나님 사랑에 빠진 사람이 있다. 전자는 지식과 율법으로 힘써 일한 사람이고, 후자는 진리이신 주님으로 저절로 알게 된 사람이다. 전자는 머리로 하나님을 사랑한 사람이고, 후자는 가슴으로 하나님의 사랑을 느끼고 누린 사람이다.

사랑받을 짓을 해야 하나님께 사랑받는다는 생각을 버려야 한다. 우리는 이미 하나님의 사랑을 받기 때문에 절로 사랑하게 될 수밖에 없는 것이다. 아벨이 정성을 들여서 예배했기 때문에 열납한 것이 아니라 아벨이기 때문에 그의 제사를 받으셨다. 가인은 육신의 의로 드렸고 아벨은 믿음에 의지하여 드렸다.

○ 주님을 닮고 주님과 통하라

부부로 30년, 40년을 같이 살다 보면 닮게 된다. 예배를 수십 년 드리면서도 주님을 닮지 않았다면 그동안 주님과 함께 살지 않았다는 증거다. 신랑이신 예수님과 마음이 하나 되지 않았다는 증거다. 우리 주님이 얼마나 외로우셨을까? 우리 신랑이신 예수님이 얼마나 아파하셨을까?

"아담아! 아담아! 네가 어디 있느냐!" 아담을 찾으시며 부르시는 하나님의 다급한 소리는 자녀를 찾아 헤매는 아버지의 외침이며 울부짖음이다. 잃어버린 자녀를 찾으시는 아버지의 절규는 고통이며 죽음과 같은 아픔이었다. 독생자를 내 주실 때도 아버지는 또 한 번 죽음보다 더 힘든 고통을 치르셨다. 해가 빛을 잃었고 천지가 요동쳤던 것이 바로 그 증거다.

아버지를 아는 것이 진정한 예배다. 참된 신앙에는 하나님의 힘이 있다. 믿음의 사람은 그 힘으로 사자처럼 담대하다. 오늘도 지구는 하나님이 사랑하는 사람을 중심으로 돈다.

오늘 하루는 주님의 것이다. 오늘 하루를 주님이 내게 주셨다. 오늘 하루를 주님이 함께하자고 내게 주셨다. 그 하루가 모여 한 해 두 해, 10년 20년 30년! 모든 날이 주님 것이요, 주님과 함께한 내 날이다. 주님과 임마누엘 동행한 모두 우리의 날이다.

하나님의 사랑은 우리를 자유롭게 한다. 그 사랑은 우리를 평강으로 이끄신다. 우리로 주님을 닮게 한다. 사랑의 열매를 맺게 한다. 기쁨으로 그 사랑을 기다리게 한다. 결국 우리로 그 사랑에 미치게 한다. 예수님께 미쳤다는 것은 예수님으로 가득하다는 뜻이다. 예수님으로 충만하다는 말이다.

배우는 사람이 제자가 아니라 따라가는 사람이 제자다. 신앙은 나를 나타내는 것이 아니라, 나로 하여금 예수님을 나타내는 것이다. 기도란 내가 원하는 것을 구하는 것이 아니라, 사랑하는 예수님이 원하는 것을 구하는 것이다. 누구와도 말이 통하지 않아도 된다. 예수님하고만 통하면 그 안에 있는 모든 이들과 다 통하고 사랑할 수 있기 때문이다.

○ 가슴으로 느끼고 배워 익히고 실천하라

오병이어 기적은 먹는 데 목적이 아니라, 하나님의 능력을 아는 데 목적이 있다. 삼손의 머리카락에서 힘이 나오는 것이 아니라, 하나님의 능력으로부터 말미암은 것이요. 모세의 지팡이가 기적을 이룬 것이 아니라, 나를 따르라는 하나님 능력이 기적을 만드셨다. 욥이 고난과 슬픔을 잘 참은 것이 아니라, 하나님이 모든 고난을 잘 견디게 하셨던 것이다.

육신의 문제는 육신으로 해결하는 것이 아니라, 영적 세계에서 하나님으로부터 응답이 되어야 한다. 우리 신앙이 육신의 감정과 감동에 기초가 된다면, 감정이 사라질 때 신앙도 함께 사라지게 될 것이다. 신앙이 성장했더라도 성숙함에 만족하지 말고, 성숙시킨 하나님을 더욱더 바라보아야 한다.

사랑의 열정이 있는 자만이 기다릴 수 있다. 열정이 식으면 기다림도 식게 된다. 최고의 신앙, 가장 아름다운 믿음은 바로 다시 오실 예수님을 기다리는 사람들이다. 새벽기도를 마치고 든든한 마음으로 사는 것도 은혜이지만, 새벽기도를 하지 못하고 죄송스러운 마음으로 하루를 보내는 것도 하나님의 은혜. 그렇다고 계속 죄송스러운 마음으로 살라는 뜻은 아니다. 그런데 나는 요즘 계속 죄송스러운 마음으로 살고 있구나!

밥을 먹는 것이 배부름의 목적이 아니듯, 지식을 쌓기만 하는 것이 목적이 아니라, 생활에 적용하기 위한 것에 목적이 있다. 성경은 성경 지식만을 쌓기 위한 것이 목적이 아니라, 하나님의 말씀에 쓰임 받기 위한 것이 목적이다. 하나님의 말씀은 말이나 글로 배우는 것이 아니라 하나님의 심장으로 알아 가야 한다. 하나님의 말씀은 사실이다. 하지만 사랑이 없으면 진리가 아닌 사실만 남게 된다.

○ 순진한 아이처럼 내게 와 안겨 보라

하나님의 천국 잔치에 초대받은 성도들이 있고 왕의 침궁으로 들어가는 그리스도 신부가 있다. 나는 신랑 되신 예수님을 사랑한다. 나의 신랑이신 예수님도 나를 사랑한다. 나는 나를 사랑하는 신랑의 마음을 알고 있다. 신랑도 내가 자신을 사랑하고 있다는 것을 안다. 나는 그가 나를 사랑하고 있다고 알고 있는 것도 안다. 그 또한 내가 자신을 사랑하고 있다고 알고 있다는 것까지 알고 있다. 우린 굳이 말이 없어도 같은 마음으로 깊은 사랑을 함께 느끼고 누린다.

성선설이 맞느냐? 성악설이 맞느냐? "사람이 어려서부터 그 계획하는 바가 악하니 성악설이 맞죠?" "그럼 내가 사람을 악하게 지었다는 말이냐?" 하나님께서 받으시는 하나님의 일은 하나님께서 하신다. 하나님이 하나님의 방법으로 하나님의 영광을 위하여 하나님이 하신다.

"사람들이 나에게 감동을 주기보다 자신들의 감동을 받기 원하는구나!

나에게 감동을 주지 못하는 저들에게 내가 어찌 감동을 주겠느냐? 나에게 감동을 주는 것이 자기들에게 감동이 된다는 것을 알려 주어라!"

넘어질 수 있다! 일어나는 것이 중요하다! 시험에 들 수 있다! 이기는 것이 중요하다! 잃어버릴 수 있다! 다시 찾으려는 마음이 중요하다!

"모든 일에 너무 잘하려고 수고하고 애쓰지 말고, 그저 모두 내려놓고 내 품에 순진한 어린아이가 되어라!"

○ 하늘에 기준을 두고 살아 보라

하나님이 예수 그리스도로 말미암아 사람들의 은밀한 것을 다 심판하신다고 하셨다. 보이는 걸 심판하시는 게 아니다. 보이지 않는 걸 심판하신다. 우리의 생각과 다르다. 그래서 더 무서운 일이다. 우리 상식에서 한참 벗어난다.

하나님은 말씀하신다. '나는 하늘에 있고 너는 땅에 있고, 내 생각은 하늘에 있고 네 생각은 땅에 있고, 내 길은 하늘에 있고 네 길은 땅이 있다'라고. 그러니까 명색이 성도라면서 인간의 기준, 이 땅을 기준으로 살다가 하나님 나라에 가면 어떻게 되겠는가? 갈 수나 있을까? 주님과의 관계를 너무 소홀히 하며 살면 되겠는가? 보이는 것, 세상에 너무 기준을 두고 살았다. 그렇다고 그것도 다 지키지도 못하면서 그걸 전부로 알고 살았구나. 제발, 하늘에 기준을 두고 살아야 한다. "오! 주님! 감당할 힘을 주소서!"

"이는 내 생각이 너희의 생각과 다르며 내 길은 너희의 길과 다름이니라 여호와의 말씀이니라"(사 55:8)

"이는 하늘이 땅보다 높음 같이 내 길은 너희의 길보다 높으며 내 생각은 너희의 생각보다 높음이니라"(사 55:9)

제2장 다 이루었다

❀ 우리는 나팔수

우리는 나팔수
우리는 신랑 예수님
오심을 전해야 해요
우리는 나팔수예요

우리는
광야에 외치는 소리
주님의 소리를 듣고
주의 길을 예비하고
그의 길을 평탄케 하며
그 소리에 반응하고
그 소리를 외치는 거야.

❋ 신부의 준비

은혜받을 준비가
되었다는 것은
우리의 심령이
주님을 사모함으로
사랑함으로
뜨거운 그리움으로
준비되었다는 거예요

그럼
한 마디도
열 마디로 들리고
작은 소리도
큰 소리로 들리고
세미한 소리는
강하게 강하게
심장을 울릴 거예요.

✿ 사랑이잖아요

사랑하는 사람 얘긴데
어떻게 함부로 듣겠어요
어떻게 쉽게 잊어버려요
어떻게 순종하지 않겠어요
어떻게 사랑하지 않겠어요

그러니까
읽는 것이 중요한 게 아니고,
듣는 것이 중요한 게 아니라
그 사랑으로 감동하느냐
그 사랑과 함께하느냐
그 사랑 안에서
기뻐하고 즐거워하느냐
진짜로 중요한 거예요.

신앙의 실수

편견을 따라
움직이면
주님이 우리에게
베푸시려는 것
주님이 우리를
깨닫게 하시려는 것을
놓칠 때가 많아요

그러니까
우리가 옳다고
생각하는 것
아니라고
생각하는 것을
주님 앞에 모두
내려놓아야 해요.

습관

죄를 짓는
습관을 끊어야
하겠지만

아니야

주님께 향하는
주님께 맡기는
주님으로 해결하는
습관을 갖는 게
더 중요해요.

🌸 베드로의 믿음

베드로가
잘한 게 아니에요
베드로의
믿음이 아니에요

예수님이
말씀하시고
예수님이
약속하시고
예수님이
기도해 주신 거예요

결국 주님께
붙잡혀 사는
삶이 은혜예요.

🌸 문제해결

물질 문제는
물질에서
일 문제는
일에서

사람과의
문제는
사람과
관계에서
해결하는 게 아니라

주님 앞으로
그냥 가져가는 거예요.

오늘의 주인공

오늘 하루의
주인공이 누구예요

하나님이
기억하시고
하나님이
주목하시고
하나님이
세우시고
하나님이
기뻐하시고
하나님이
사랑하시는

그 사람이 주인공이에요.

주님이 하십니다

그때는
모세를 따라갔고
지금은
성령 하나님이
우리 심령 가운데 오셨어요

육신의
입장에서 볼 때
엄청
불리한 것 같지만
하나님 입장에서 볼 때
굉장히 유리해요.

❋ 미혹되지 않음은

하나님을
확실히 알고
하나님의 뜻을
분명히 알고
하나님의
계획과 섭리를 알고
하나님의
은혜를 알고
그 하나님과
함께 동행하는 것.

❋ 그리스도 신부의 삶

예수 그리스도의
보혈이
우리 심령에
흐르고 있잖아요

주님의
생명으로
살고 있잖아요

그러니까
우리는
주님에게 반응하지
세상에 절대 반응하지 않아요.

🌸 다 이루었다 1

네가 나의 임재 안에
들어가는 것이 아니라
내가 너를 나의 임재 안으로
이끌어 들이는 것이다

네가 나의 음성을
듣는 것이 아니라
내가 나의 음성을
너에게 들려주는 것이며

네가 나의 사랑을
느끼는 것이 아니라
내가 나의 사랑을
너에게 느끼게 하는 것이다

네가 나를
찾는 것이 아니라
내가 너에게
나를 나타내는 것이요

네가 믿음의 승리를
이루는 것이 아니라
내가 너로 승리를
이루게 하는 것이다

네가 공중으로
올라가는 것이 아니라
내가 너를 공중으로
들어 올리는 것이며

너의 사명도
신앙의 성장도
사는 것도
죽는 것 또한
내가 이미 다 이루었다.

🌸 다 이루었다 2

기도해서
응답 받는 것이 아니라
응답하였기 때문에
기도하게 되는 것이라

봉사해서
상급을 받는 것이 아니라
하늘에 받을
상급이 많기 때문에
봉사하는 것이라

네가 나를 믿어서
구원 받은 것이 아니라
아버지가 너희를
택하고 구원하셨기 때문에
나를 구주로 영접한 것이라

너희가 하나님을
아버지라 불러서
자녀가 된 것이 아니라

아버지가 너희를
자녀 삼으셨기 때문에
아바 아버지라 부르게 된 것이라

천국이 있어 네 영혼이
기뻐하는 것이 아니라
생명책에 너희 이름이
기록되었기 때문에
기뻐하고 즐거워하는 것이라

나의 신부 된 첫 열매들이
나를 사랑해서 올라오는 것이 아니라
내가 너희를 나의 신부로 불렀고
열매 맺게 했기 때문에 올라오는 것이라

너희가 나를 택한 것이 아니라
내가 너희를 택하였고
너희가 나를 사랑한 것이 아니라
내가 먼저 너희를 사랑하였노라

평강은 너희가 만드는 것이 아니라
아버지가 너희에게 허락하셨고
십자가는 너희가 지는 것이 아니라

아버지가 나로 지게 하셨으며

부활 생명은 너희가 이룰 것이 아니라
내가 이미 너희를 위해 다 이루었느니라
내 안에 거하는 자는 나도 저희 안에 거하고
십자가에서 승리한 모든 능력으로 부족함이 없도다

땅에서 보면
세상의 모든 것이
전부인 것 같지만
하늘에서 보면
세상은 바닷가 모래 중에
작은 알갱이일 뿐이니라
심은 것마다 내 천부께서
심지 않으신 것은 다 뽑히리라.

예배란

우리 마음
주님께 드리고,
주님 마음
받는 것입니다

우리 마음은
없습니다
우리 마음을
주님이 빼앗아서
우리 마음은
없습니다

우리가
예수님 마음을
빼앗아서
우리 안에
예수님 마음이
있습니다.

❋ 진리의 나팔

너는
사람들이 보지 못하는
영원한 나라를 보고
사람들이 듣지 못하는
영생의 소식을 전하는
나팔이 되어라

듣는 자는 살아나리라
나의 말을 듣고
지키는 자가 나를 만나리라

마지막 때
너의 눈은
나의 눈이 되고,
너의 귀는
나의 귀가 되며,
너의 입은
나의 입이 되어
진리를 말하는
소리가 되길 원하노라

사람들이 보고 의지하던,
세상 것들과 비교할 수 없는
아직 나타나지 않은
영원한 나라의 사실들을

저들이 깨달을 때면
그들의 부끄러움과 탄식을
어떻게 감당하랴

눈에 보이는 것만이
진실이 아니고
귀에 들리는 것만이
사실이 아니며
손에 잡히는 것만이
전부가 아니다

너희 돌아보는 것은
보이는 것이 아니요
보이지 않는 것이니
보이는 것은 잠깐이요
보이지 않는 것은
영원함이니라

영의 사람이 되어라
보이지 않는 것을 볼 수 있는
영의 눈을 가진 자가 되어라
들리지 않는 것을 들을 수 있는
영의 귀를 가진 자가 되어라

하나님 은혜와 사랑을
깨달을 수 있는
깨어 있는 자가 되어라
하나님의 복음을 전하는
진리의 나팔을 부는 자가 되어라.

제3장 모든 마음 예수님께로

✤ 사랑의 포로

나는 갇혀 산다
예수의 사랑 안에 갇혀 산다
그러나 내 영혼은
창공의 새처럼 하늘을 난다

나는 묶여 산다
한 번도 타 보지 않은
나귀처럼 묶여 산다
그러나 내 영혼은
한없이 자유하고 평안하다

나는 묻고 산다
내 육신의 소욕과
자아를 묻고 산다
그러나 내 영혼은

하나님의 기쁨과
소망으로 행복하다

나는 닫고 산다
세상의 유혹과
미혹으로부터 닫고 산다
그러나 내 영혼은
주님의 품에 안겨
나의 사랑은 뜨겁다

나는 죽어 산다
그리고 신랑 되신
예수님의 생명으로 다시 산다
내 영혼은 그분으로 인해
한없이 즐겁고 감사하다.

✿ 예수님 안에서 꼼짝 마

내가 너를 안고 갈게
내가 너를 품고 갈게
내가 너를 업고 갈게
예수님이 말씀하셨네

그러니까
다른 데 가지 마
내 안에 있어
이렇게 또 말씀하시네

그러니까 이 말씀은
"꼼짝 마 절대 꼼짝 마
예수님 안에서 꼼짝 마"

🌸 종교개혁이란

종교개혁이란
신비한 것들로
채우라는 것이 아니다
성경을 확실하게 알고
말씀 따라 살라는 것이다
다시 오마 약속하신
예수님을 사랑하며
예수님 만날 기다림으로
준비하며 살라는 것이다

예수님과의
첫사랑을 회복하고
그 은혜를 깨달아
신령과 진정으로
예배하라는 것이다
그리고 예수님 한 분만으로
만족하며 사는 것이
바로 종교개혁이다

성경이 과즙이라면 짜고 또

다 짜도 예수님만 나와야 한다
구약성경을 다 짜도
예수님만 나와야 하고
신약성경을 다 짜도
예수님만 나와야 한다
우주만물을 다 짜도
예수님만 나와야 하고
우리의 삶과 생명을 짜고 짜도
오직 예수님만 나와야 한다

움직일 때마다
예수님만 나와야 한다
사방이 막힌 것 같고
답답해 죽을 것 같은 그때가
바로 평강의 예수님을 만날
가장 좋은 때이다

지나간 추억도
쉽게 잊히지 않고
마음의 상처도
잘 지워지지 않는데
주님이 심령에 넣어
새겨 주신 생명이

어찌 그리 쉽게
지워질 수 있단 말이오
어찌 그리 쉽게
잊힐 수 있단 말이오
세월이 갈수록 불필요한
모든 가지는 다 잘라 내고
오직 십자가 가지만 남아야 한다오.

✽ 사탄의 역할

사탄은 사람들로 하여금
교회 가지 못하도록 훼방합니다

그러나 이기고 교회에 가면
교회 마당만 밟도록 역사합니다

또 이기고 교회 일에 충성하면
율법만 지키도록 사단은 유혹합니다

사탄은 성도들이 거듭나는 것과
예수 그리스도와 사랑의 관계를
끝까지 방해합니다

기도하고 성령을 충만히 받으면
응답과 은사에만
깊이 빠지도록 역사합니다

생명 되신 예수 그리스도의
본질 없는 전도, 찬양, 기도
예배, 교회 부흥, 사역에만

치우치도록 하여 우상이 되게 합니다

아들이 있는 자는
생명이 있고
아들이 없는 자는
생명이 없다고 하였습니다
생명 되신 예수님과
하나 된 삶을 살아야 합니다

사탄은 예수님과의 하나 됨을
결코 허락하지 않고
최선을 다해 방해하고 있습니다

주님과 하나 되지 않는 신앙은
방향을 잃은 신앙이며
허공 치는 헛되고
허무한 신앙입니다

성도들은 영적인 분별과
지각이 있어야 합니다
하나님의 뜻과
사탄의 계략을 분별해야 합니다

분별하지 못하면 결과는
후회와 고통뿐입니다
슬픔과 탄식뿐입니다.

❀ 사탄의 공격

사탄은
우리의 약한 부분을
더 약하게 공격하여
소망을 잃게 한다오

사탄은
우리의 괴로운 부분을
더 괴롭게 만들어
절망하게 만든다오

사탄은
우리의 죄를 보이며
마음을 찔리게 하고
주님과의 사랑을 방해한다오

사탄은
사람마다 가장 귀하게
여기는 것을 잘 알아
그 매력에 빠지게 한다오

사탄은
놓지 못하는 오래된 것에
자연스레 무감각하게 하여
우상으로 만든다오

사탄은
칭찬하는 소리를 통해
교만으로 자라게 하고
자신이 최고라고 믿게 한다오

사탄은
세상의 유혹을 보이며
자신에게 절하게 하고
천국을 포기하게 한다오.

은사

은사는 하나님이 주신
선물일 뿐입니다
우리는 선물인 은사보다
주신 자를 기억해야 합니다

마지막 때에는 사단이
할 수만 있으면
큰 표적과 기사를 보이어
많은 사람을 미혹할 것입니다(마 24:24)

그래서 주님은 악하고
음란한 세대가 표적을 구하나
선지자 요나의 표적 밖에는
보일 표적이 없다고 하셨습니다(마 12:39)

주님이 어떤 표적과
기사를 보이지 않아도
우리는 주님만을 믿고
사랑해야 합니다

주님이 우리 기도에
전혀 응답하지 않을지라도
우리는 오직 주님만을
믿고 사랑해야 합니다

설령 죽음의 문 앞에서조차
침묵하실지라도
우리는 주님만을 사랑하고
더욱 사랑해야 합니다

신앙생활이 응답과 은사,
기적과 표적에만 머물러
주님 임재를 느끼지 못하고
사랑을 경험하지 못한다면
너무나 슬프고 아픈 일입니다

마지막 때는
사탄이 표적과 기사를 통해
많은 사람을 미혹할 것입니다
끝까지 승리할 수 있는 비결은
오직 주님 사랑 안에 거해야 합니다.

❋ 모든 마음 예수님께로

사랑에 빠지면
누구도 갈라놓을 수 없다
사랑에 완전히 빠져 버리면
누구도 방해할 수 없다
이 사랑에 빠지면
굳이 가르침이 필요 없다
이 사랑을 알고 나면
사랑 노래만 불러도
우리 마음에는
감동 감화 감격이 넘친다

우리가
주님 음성이 그렇게 듣고 싶고,
주님이 그렇게 보고 싶고,
주님을 그렇게 그리워하고,
주님을 그렇게 찾고
주님과 그렇게 함께 있길 원하는 만큼

주님도
기도라는 이름으로

예배라는 이름으로
신앙생활이란 이름으로
나와 그렇게 함께 있고 싶어 하시고
나의 소리를 그렇게 듣고 싶어 하시고
나의 모습을 그렇게 보고 싶어 하시고
나를 그렇게 안고 싶어 하신다

우리는
신랑이신 예수님께 온전히 미쳐야 한다
예수님께 미쳤다는 말은
예수님으로 가득하다는 말이다
예수님으로 충만하다는 말이다

예수님 없이는 아무것도
할 수 없다는 뜻이며
예수님만 계시면 우리 평생에
부족함이 없다는 말이다

만일 주님 사랑에
미치지 않은 사람들은
분명 다른 것에
미쳐 살게 될 것이다.

이것이 기도다

기도를 핑계로
나를 보시려는 거다
기도를 위해
기도하는 것이 아니다
기도를 쌓기 위해
기도를 시키는 것이 아니다
기도를 통해 주님이
나를 보고 싶다는 거다

나에게
네 얼굴을 보게 하라
네 소리를 듣게 하라
네 소리는 부드럽고
네 얼굴은 아름답구나.

❋ 영원한 축복의 신앙

성경은 율법의 행위와
성경을 아는 지식만으로
그치는 것이 아니라
예수님을 믿고 깨달아
오직 주님만을 사랑하라는
하나님의 말씀이다

신령과 진정한 예배는
그저 교회의 마당만 밟고
왔다가는 것이 아니라
지성소인 주님 마음 안에
우리의 간절한 마음을 담아
주님 임재 안에 들어가는 것이다

진정한 회개와 기도는
애통함으로 마음을 찢어
주님께서 원하시고 기뻐하시는
소망과 소원을 간구하는 것이다
주님 소원은 우리와 늘 동행하며
함께 숨 쉬고 호흡하길 원하신다

하나님의 은사와 기적,
응답 중에 가장 최고의 응답은
주님과 하나 된 삶을 사는 일이며
육신의 몸이 신령한 몸으로,
땅에 속한 인생이 하늘의 뜻으로
변화하며 거듭나는 일이다

아름다운 찬양의 노래는
신랑 되신 예수님으로
감동하고 감화하는 것이며
우리 사랑이 그분 안에 녹아져
주님 사랑과 우리의 사랑이
온전히 하나 되는 충만한 은혜다

우리 신앙의 모습은
주님의 겸손과 긍휼을 배워
주님의 빛을 나타내는 것이며,
주님의 인격과 성품을 닮아
주님의 사랑을 실천하는 것이다
주님은 우리의 생명이며 사랑이다

우리의 영광 중 가장 큰 영광은
주님 오시는 큰 기쁨의 날에

산 몸으로 공중에 올라가
그토록 바라고 고대하던 주님 만나
혼인 잔칫날 신부 자리에 앉아
주님의 은총과 사랑을 누리는 것이다

최고의 축복과 최고의 영광은
주님의 품에 안겨 천년을 살고
곡과 마곡의 시험을 지나
하나님 백 보좌 심판을 지나
새 하늘과 새 땅, 새 예루살렘에
입성하여 영원한 축복을 누리는 것이다

마라나타 주 예수여 어서 오시옵소서!

✽ 영혼의 눈을 밝혀라

눈에 보이는 것이 진실이 아니고
귀에 들리는 것만이 사실이 아니며
손에 잡히는 것만이 전부가 아니다

어찌하여 사람들은
눈에 보이는 것만을 보려 하고
귀에 들리는 소리만을 들으려 하는가

어찌하여 진리가 있고 영생의 영원한 생명이 있는
영적인 세계의 일들은 보이지 않는다 하여
외면하며 들리지 않는다고 포기하고 돌아서는가

천국은 침노하는 자의 것이라고 말하지 않았던가
구하고 찾고 두드리는 자에게
열리게 될 것이라 말하지 않았던가

그만한 수고와 대가도 없이
어찌 영생을 거저 얻으려 했던가
나는 너희가 승리하여 영혼의 세계에서
만나 대화하고 사랑하길 원하노라.

❁ 감춰진 사랑

예수님이 안 보이니까
너무 감사하다
예수님이 안 보이니까
더 사모하게 되고
예수님이 안 보이니까
더 그리워하게 되고
예수님이 안 보이니까
더 기다려지고
예수님이 안 보이니까
더 보고 싶고
예수님이 안보이니까
사랑이 더 간절해진다

진짜 사랑은 깊이 감춰 두셨다
진짜는 사랑하는 우리 예수님의
심장 소리는 듣는 거다
작은 소리에도 놀라고
부드러운 소리에 반응한다
세미한 소리에 변화하고
소리가 없어도 사랑을 느낀다

이 사랑 깨닫지 못하고
무엇을 한단 말인가
이 사랑을 어디서 찾아요
이 사랑을 누구에게 찾아요
이 사랑을 누가 가르쳐 줘요

사도바울이라도
이 사랑을 가르치지 못해요
이 사랑을 단지 소개할 뿐이죠
이 사랑은 각자 주님과 하는 거죠.

❀ 만물의 음성

밤하늘은 빛을 비춰
예수 그리스도로
옷 입으라 재촉하네

빗물은 눈물 되어
예수님 오심을
준비하라 재촉하네

바람은 나팔 되어
예수님 맞을
준비하라 재촉하네

땅이 입을 벌려
이제 있을 재앙에서
피하라고 재촉하네

바다가 소리 높여
이제 있을 심판에서
숨으라고 재촉하네

만물이 주의 음성 되어

첫 열매들 깨우느라

실로 분주하네….

사망의 반대말

사망의 반대말은 생명이지만
무의미하고 무력한 생명은
반대말이 될 수 없다
사랑하면 세포가 변화된다
살아난다 회복된다

사랑하면 심령이
주님으로 기뻐하고 즐거워한다
사랑하면 그 사랑이
우리의 혼과 마음을
다스리고 생각을 지배한다

사랑하면 마음이
예뻐지고 인생도 바뀐다
그러니까 사랑은 살리는 거다

사랑하면 영혼과 세포
마음과 심령과
잠자던 모든 것을 다 깨운다

그러니까 사랑은
생명력 있는 살리는 영이다
그렇게 살리는 거니까
사망의 반대말은 사랑이야
사망의 반대말은 사랑이라고.

✽ 십자가 훈련

하나님의 군사들이
환경의 어려움을 통해
세상 거절하는 법을 배운다

십자가 군병들이
염려와 근심을 통해
평안의 법을 배운다

하늘의 용사들이
슬픔과 아픔을 통해
기뻐할 수 있는 법을 배운다

그리스도 군대들이
불안과 두려움을 통해
주님의 겸손을 배운다

천국의 백성들이
인생의 경험을 통해
주님께 맡기는 법을 배운다

들림 받을 신부들이

예수님 사랑을 통해

자신을 내려놓는 법을 배운다.

율법과 복음

율법을 추구하는 사람들은
죄를 지으면 자책하므로
하나님과 멀어지고,
율법을 지키면 교만해져
하나님과 멀어진다

그러나 성령의 사람들은
죄를 지으면 회개하므로
하나님과 가까워지고
의를 행하면 하나님 하신 일에
감격해 더 하나님께 가까이 나아간다

이러한 믿음은
원한 살 일도 없고
누굴 미워할 일도 없고
크고 작은 일에
연연하지도 않는다

실패했다고
크게 좌절하지 않고

성공했다고
크게 자랑하지도 않는다

삶이란 결국
성공과 실패를 병행 반복하며
영원한 본향을 향해
가고 있음을 알고 있기 때문이다

육신의 외로움은
세상 것으로 해결할 수 있지만
영혼의 외로움은
신랑이신 예수님으로만 해결할 수 있다

그러므로 우리 안에 있는
외로움을 그리움으로 바꾸자
예수님을 사랑해 병이 났다면
치료 또한 예수님이다.

❀ 탕자의 자유

탕자의 자유란
아버지를 떠나는 것이 아니라
아버지께로 돌아가는 것이다

탕자는 자유를 찾아 떠났지만
세상의 끔찍한 구속으로 인하여
아버지 품으로 다시 돌아왔다

육신을 위한 삶이 아닌
영혼을 위한 삶이어야 한다
세상이 아닌 천국의 삶

땅에 것이 아닌
하늘의 것을 쫓는다
내 욕심과 아집을 다 비우고
내 뜻이 아닌
주님의 뜻대로 사는 것이다

하나님 말씀은
읽는 것만이 아닌

하나님 선택 안에서
약속을 따라
쓰임 받는 삶이어야 한다

하나님 사랑은
글로 배우는 것이 아니라
뜨거운 심장으로
느끼며 사랑하는 것이다

천국 혼인 잔치에
참여하는 성도들이 있고
왕의 침궁(寢宮)에
들어가 신랑의 품에 안겨
사랑을 누리는
그리스도 신부가 있다

진정한 자유란
육신이 원하는 삶이 아니라
주님이 원하는 삶이어야 한다
사랑하는 이의 기쁨이 되는 것이
진정한 사랑이며 진정한 자유다.

제4장 열두 달 순례길

❋ 1월-하늘로만

우리가 이 땅에선 힘들지만
하늘을 쳐다보는 순간
이까짓 거 아무것도 아니라고
생각할 수 있어요

나 여태까지 살았는데
내가 저기 놓치면 안 되잖아
나 여기까지 이렇게 힘들게 왔는데
내가 하늘나라를
누구 때문에 빼앗기면 안 되잖아

나 여기까지 이렇게
주님 사랑하고 왔는데
내가 지극히 작은 것
하나에 넘어지면 안 되잖아

그러니까 우리는
세상 어떤 소리에도 귀 닫고
오직 하늘로만 열어야 해요
그리고 배우고 받고 듣고
본 바를 행하는 거예요.

✿ 2월-새김 받음

하나님의 이름,
새 예루살렘의 이름
그리고 예수님의
새 이름을 새겨 주신다는 건
그 나라에 가서
새겨 주신다는 말이 아니에요

이미 우리 안에 철필로
심령 속, 살 속, 뼛속, 세포 속,
체질에 다 새겼다는 말이에요
이 새김은 하나님께서
인을 치신다는 말이에요

아버지 임재 안에 살았고,
그 삶으로 완전히 새겨졌기 때문에
그 나라에 가서 새김을 받는 거예요.

❋ 3월-하나님이 하심

우리를 위해
주님이 무엇을 하셨는지
얼마나 잘하셨는지 몰라요

얼마나 완전하게 하셨는지
얼마나 사랑스러우신지
얼마나 전능하시고
기묘하신지 몰라요

영존하시는 아버지
평강의 왕이세요
만왕의 왕이시며
신 중의 신이세요

그러니까
죽음 앞에서도
평안한 거예요.

🌸 4월-목적은 예수님

기도의 목적은
응답이 아니에요

예수님으로
꽉 채워지는 거예요

시험의 목적은
이기는 게 아니에요

시험을 통해
주님 안에 들어가는 거야

기다림의 목적은
휴거가 아니에요

그토록 사랑했던
예수님을 만나는 날이에요.

🌸 5월-주님의 멍에

네가 나한테 왔으면
나에게 맡겨

맡기는 순간
네 것이 아니라
내 것이 되고

네가 아니라
내가 해결해야 하는 거야

네 멍에가 아니라
내 멍에요

네 짐이 아니라
내 짐이라

내 멍에는 쉽고
내 짐은 가벼움이라.

❋ 6월-주님 받으실 것

우리가 하나님께
가져갈 것만 지키며 살아요

주님이 우리 마음 받으시잖아요
주님이 우리 예배 받으시잖아요

주님이 우리 중심 받으시잖아요
주님이 우리 사랑 받으시잖아요

주님이 우리 기도 받으시잖아요
주님이 우리 찬양 기뻐하시잖아요

주님이 원하시는 건 우리예요
우리를 위해 목숨까지 주셨어요

우리가 주님께 드릴 건
우리의 마음밖에 없어요

우리가 주님께 가져갈 건

주님과의 관계

주님과의 사랑밖에 없어요.

✽ 7월- 이기는 자

"이기는 자는 내 하나님
성전에 기둥이 되게 하리니"

너무 귀하죠
이기는 자에게
주어진 상급이에요

이건 최고의 약속이고
최고의 영광이고
완전한 축복이고
영원한 축복이고
그 무엇으로도
바꿀 수 없는 하늘 복이에요

"내가 하나님의 이름과
새 예루살렘의 이름과
나의 새 이름을
그이 위에 기록하리라"

신분증이에요 천국의 신분증

주님이 인을 치신 거예요
인 맞은 자가 천국의 주인공,
인 맞은 자가 들려 올라가요

그러니까 이 말은
최고의 신분 상승을 말하는 거예요.

✽ 8월-사랑의 하나님

육적인 것만 보면
너무 잔인한 하나님이라고
말할 수 있어요

그렇지만
그건 하나님을
몰라서 하는 얘기예요

하나님의 깊이를 알고
하나님의 마음을 알고 보니까
하나님은 너무너무
사랑의 하나님이에요
엄청난 사랑의 하나님이에요

그런 하나님을
알지 못하고 믿지 못한다면
최대의 실수이고
최고의 불행이고 최대 잘못이에요.

❋ 9월-영혼의 근육

주님과 함께
많은 세월을
보내고 나면
잘된다고
너무 흥분하지 않아요
안된다고
너무 좌절하지 않아요

절망을 많이 경험하고
희망과 소망을
많이 발견하게 되면
그다음에
우리 신앙과 믿음에
단단한 탄력이 생겨요
영혼의 근육이 만들어져요.

10월- 하나님의 기쁨

하나님은 자녀에게
주시는 걸 기뻐하세요

그런데 자녀가
지금 받으면 안 돼요

그럴 때 주님은
얼마나 마음이 아프시겠어요
그래서 받을 자격 있는
자녀로 만드신 후 주시는 거예요

그걸 우리는
하나님의 사랑이라고 얘기해요

그런데 사람들은 그걸
하나님의 시험이라고 해요

하나님 주시는 연단이라고 하고,
하나님의 매라고 생각해요

심지어는 하나님이
자신을 싫어한다며 떠나요.

❋ 11월-정금처럼 만드심

하나님이 택한 사람들은
하나님께서 절대로
망하는 길로 가도록
놔두시지 않아요

의인이 요동하거나
의인이 뒤로 물러가고
그리고 패하는 걸
허락하지 않으세요

믿음의 사람들은
힘들 수밖에 없어요
왜냐면 자기 뜻대로 살도록
내버려 두지 않으시니까

잘 되는 것 같아도
기도하게 만드시고,
괜찮은 것 같은데
뭔가 남겨 두셔서
주님만 붙잡게 하세요

이렇게 하시는 이유는
주님께 돌아와
임마누엘 주님과 동행하고
주님의 임재 안에서
주님과 대화하자고 하시는 거예요.

그러니까 우리가
주님의 뜻을 안다면
없는 거에 감사하고
안 되는 거에 더 감사해야 해요
우리를 단련하신 후
정금같이 나오게 하실 거거든요.

❋ 12월-인 맞은 불같은 사랑

주님이 우리 앞에
열린 문을 두시고
심령으로 와 버리셨어요
이게 인 맞은 거예요

그래서 내가 이렇게
주님을 사랑하는 거예요
내가 먼저 사랑하는 게 아니에요
내가 더 믿음 있는 게 아니에요

슬기로운 처녀들이
슬기로워서가 아니에요
하나님이 인을 치셨기에
불같은 사랑을 하는 거예요
인 맞은 사람은 이미
사랑을 간구할 마음이 있어요

이 마음은 가면 갈수록 커져요
이 사랑은 절대 식을 수 없어요
이 사랑은 절대 뒤로 물러가지 않아요

이 사랑은 절대 약해지지 않아요

가면 갈수록 더 뜨거울망정

이 사랑은 절대 시시해지지 않아요.

에필로그

주님이 하늘 보좌 버리시고 이 땅에 내려오심은 나를 얻기 위함인 것을 깨달았습니다. 주님이 모든 멸시 핍박 참아낸 것은 나를 주님 닮게 하기 위해서입니다.

주님이 밤새우신 눈물의 기도는 나를 지키기 위함이며, 주님 지신 십자가는 내가 질 십자가 지신 것이었습니다.

주님이 십자가 모진 고통 이겨 내신 것은 나의 큰 죄악 담당하기 위함이며, 주님이 물과 피를 쏟으신 것은 내 영혼 가득 채우기 위해서입니다.

주님이 세상 것 다 포기하신 것은, 내게 천국 주기 위함이며 주님 생명을 죽음에 넘기신 것은, 내 생명을 살리시기 위해서였습니다.

주님의 부활은 나의 영혼 거룩하게 하시려는 것이며, 주님이 하늘로 가신 이유는 나의 처소 마련하시기 위해서입니다.

주님이 천사들과 부실 나팔 소리는 나를 깨우기 위함이며, 주님이 구름 타고 내게 오심은 나를 데리러 오시는 것입니다.

주님이 다가와 손 내미심은 나를 품에 안기 위함이며, 주님이 나를 안으심은 나와 사랑을 나누기 위해서입니다.

신부가 신랑을 사모하듯 신랑 또한 신부를 그리워합니다. 신부의 사랑과 기쁨은 오직 주님입니다. 신랑이 되신 주님의 사랑 또한 나였음을 알았습니다.

내 사는 그날까지, 아니 그 이후로도 영원히 주님을 바라며 주님만 사모하겠습니다. 마라나타!

"그가 찔림은 우리의 허물을 인함이요 그가 상함은 우리의 죄악을 인함이라 그가 징계를 받음으로 우리가 평화를 누리고 그가 채찍에 맞음으로 우리가 나음을 입었도다"(사 53:5)

예수님께
속한 사람들

ⓒ 이현숙, 2025

초판 1쇄 발행 2025년 2월 15일

지은이	이현숙
펴낸이	최종렬
펴낸곳	도서출판 나선민
주소	서울 양천구 남부순환로 70길 17, 201호
전화	02)2632-9618
이메일	hjc9787@naver.com
홈페이지	http://nsmbooks.onmam.com

ISBN 979-11-92586-14-4 (03230)

- 가격은 뒤표지에 있습니다.
- 이 책은 저작권법에 의하여 보호를 받는 저작물이므로 무단 전재와 복제를 금합니다.
- 파본은 구입하신 서점에서 교환해 드립니다.